W0049625

Birgit Kölmel

Das Übungsheft 8
Mathematik
Denk- und Rechentraining

Name: _____

Klasse: _____

So fit bin ich in Mathe

Mathe-fit-Test	Seite	Datum	Anzahl der richtig gelösten Aufgaben	Zeit in Minuten
1	14/15			
2	24/25			
3	34/35			
4	44/45			
5	54/55			
6	64			

Mildenberger

Inhaltsverzeichnis

 Die Merkkästen erinnern dich an wichtiges Grundwissen.

 Die Sprechblasen geben dir nützliche Hinweise.

 Diese Aufgaben sollen im Kopf gerechnet werden.

 Nebenrechnungen und Lösungswege, die mehr Platz benötigen, werden auf einem separaten Blatt notiert.

 Bei diesen Aufgaben kannst du den Taschenrechner verwenden.

1 Male die zusammengehörenden Kärtchen in derselben Farbe aus.

Prozentwert	Anteil in %	G	das Ganze	W

Prozentsatz	p	Grundwert	Teil vom Ganzen

2 Fülle anhand des Schaubilds die Tabelle aus.

Strecke in m

Zeit in min	3	5		14	
Strecke in m			500		800

Das Schaubild zeigt Tinas Schulweg.

Tina ist insgesamt _____ Minuten unterwegs. Dabei legt sie eine Strecke von

_____ Metern zurück. Sie bleibt _____-mal stehen. Ich vermute, dass Tina

stehen bleibt, weil _____

_____

3 Schreibe den passenden Term zur Aufgabe.

x − 5	5x	x + 5	5 − x	x : 5	5 + x

5 vermindert um x: _____   Der fünfte Teil einer Zahl: _____

Das Fünffache einer Zahl: _____   Die Differenz aus x und 5: _____

Die Summe aus x und 5: _____   Addiere x zu 5: _____

1 Schreibe als Term. Manchmal musst du eine Klammer setzen.

Die Summe aus x und y multipliziert mit 10: $\underline{(x + y) \cdot 10}$

Das Produkt aus x und 9 vermindert um y: _____

Zum Achtfachen einer Zahl wird der Quotient aus 12 und y addiert: _____

Die Summe aus 90 und x, multipliziert mit der Differenz aus y und 6:

_____

Von der Summe aus 90 und x wird das Produkt aus y und 6 subtrahiert:

_____

2 Unterstreiche:
Grundwert (G) = blau, Prozentwert (W) = rot, Prozentsatz (p) = grün

1. Ein Paar Sneaker für 89 € sind um 20 % reduziert. Luca spart 17,80 €.
2. Die gepackte Schultasche sollte nicht mehr als 10 % des Körpergewichts betragen. Bei 57 kg Körpergewicht wären das maximal 5,7 kg.
3. Von 5 488 Säugetierarten sind mindestens 1 372 bedroht. Das entspricht einem Viertel (25 %) der Säugetiere.

3 Die Tabelle zeigt die Anzahl der Besucher eines Jahrmarkts zu unterschiedlichen Uhrzeiten. Zeichne anhand der Tabelle das passende Schaubild.

Uhrzeit	Anzahl Besucher
10:00	50
11:00	75
12:00	150
13:00	150
14:00	200
15:00	300
16:00	350
17:00	350
18:00	350
19:00	200

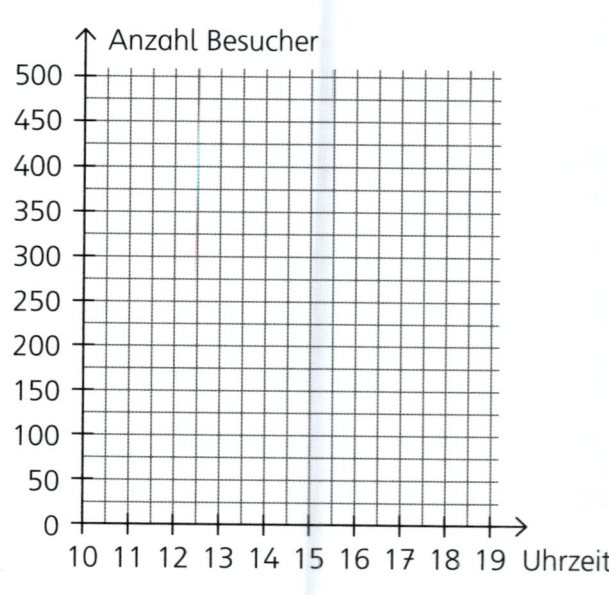

Berechne im Kopf und finde das Lösungswort.

1 🐦

1 % von 700 € = _____ €

20 % von 40 kg = _____ kg

50 % von 250 m = _____ m

100 % von 9 g = _____ g

2 🐦

3 € von 30 € = _____ %

5 kg von 20 kg = _____ %

75 m von 100 m = _____ %

9 g von 10 g = _____ %

3 🐦

2 % = 7 € / G = _____ €

5 % = 6 kg / G = _____ kg

10 % = 0,5 m / G = _____ m

25 % = 12 g / G = _____ g

| 8 | U | | 10 | D | | 90 | I | | 48 | R | | 350 | G | | 9 | O |

| 75 | S | | 120 | N | | 5 | E | | 125 | T | | 25 | E | | 7 | A |

Lösungswort der Aufgaben 1 bis 3: _____

4 Fülle die Wertetabelle aus. Ergänze die Wertepaare.

$y = 3 \cdot x$ (2 | _6_)   (4 | ____)   (____ | 15)   (____ | 27)

x	0	1	2	3	4	5	6	7	8	9
y			6							

$y = 0,5x - 1$ (3 | ____)   (____ | 1,5)   (____ | 3)   (9 | ____)

x	0	1	2	3	4	5	6	7	8	9
y					1			2,5		

5

$5a + 6a - 3b + b =$ _11a − 2b_ _____

$x + 2y - 4x - 1 =$ _____

$22c + d - 8d - c =$ _____

6

$5x \cdot 3x =$ _____

$1,5m \cdot 6n \cdot 1 =$ _____

$(-25z) : 5z =$ _____

1

$9y + (5 - 2y) =$ _7y + 5_ _____

$13 - (2x + 4) =$ _____

$-(a + 9b) - 3a =$ _____

2

$5 - 2m - (2m + 1) =$ _____

$8s + 7 - (-s - t) =$ _____

$-0,5k + (k - 1) =$ _____

3

Bruch	$\frac{77}{100}$				$\frac{71}{100}$	
Dezimalzahl			7,77	1,7		0,7
Prozentsatz		7 %			17 %	

Berechne den Prozentwert mit Formel oder Dreisatz.

4 3 % von 750 €

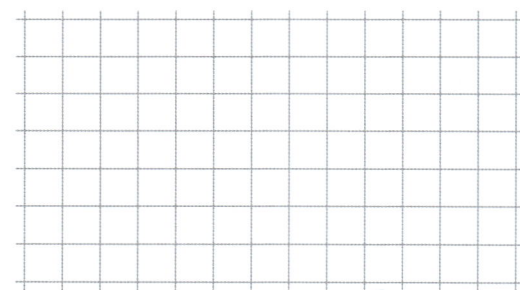

5 12,5 % von 50 l

6 Das Schaubild zeigt die Hinreise in den Urlaub von Familie Wegner.

Familie Wegner fuhr um ____ Uhr los.

Zwischen ____ Uhr und ____ Uhr kam sie am

langsamsten voran. Am schnellsten konnte

sie von ____ Uhr bis ____ Uhr fahren. Um

____ Uhr machte sie eine Pause. Insgesamt

fuhr Familie Wegner _____ km.

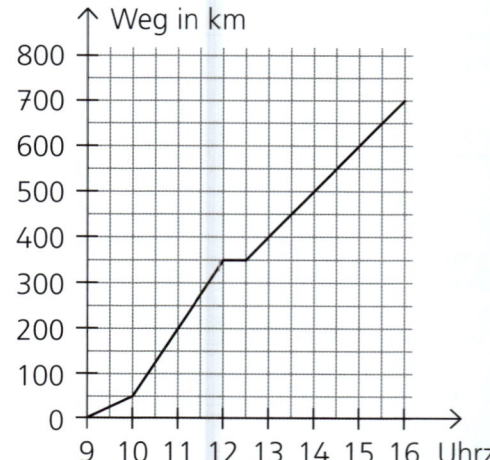

Weg in km

Löse die Gleichungen durch Umformen.

1 $5x - 1 = 34$ |

_____ |

$x =$

2 $26 + 4x = 42$ |

_____ |

$x =$

3 $6x + 5 = x + 20$ |

_____ |

_____ |

$x =$

4 $-8 + 4x = -8x + 10$ |

_____ |

_____ |

$x =$

5 Welche Wertetabelle und welche Funktionsgleichung passt zum Schaubild?
Kreuze an.

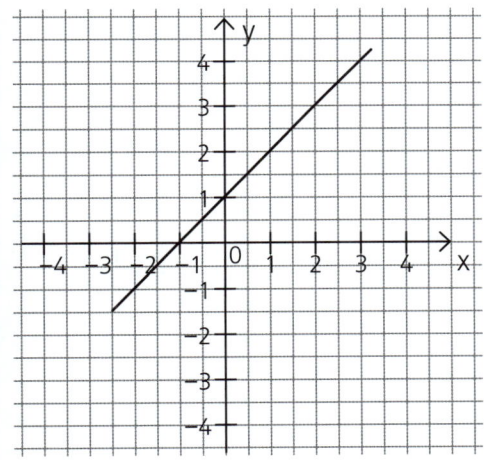

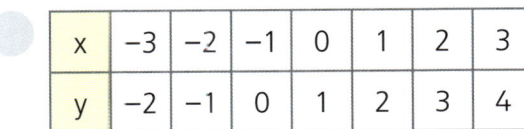

x	−3	−2	−1	0	1	2	3
y	−1	0	1	2	3	4	5

x	−3	−2	−1	0	1	2	3
y	−2	−1	0	1	2	3	4

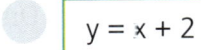 $y = x + 2$

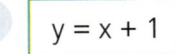 $y = x + 1$

Berechne den Prozentsatz mit Formel oder Dreisatz.

6 18 Tiere von 96 Tieren

7 4,5 km von 15 km

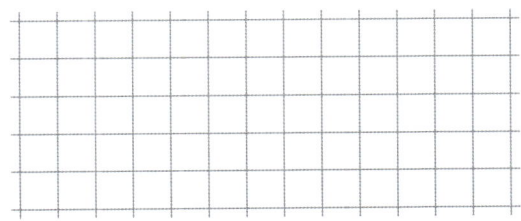

1 Schreibe jeweils die Funktionsgleichung auf.

Eine Eintrittskarte fürs Kino kostet 5 €. $y = 5 \cdot x$ _____

Eine DVD kostet 10 €. Der Versand beträgt 3 € pauschal. _____

Die Gebühr für einen Mietwagen setzt sich zusammen aus 40 € pro Tag

und 0,70 € pro gefahrenen Kilometer. _____

Fasse zusammen. Löse dann die Gleichungen.

2

$-5 + 24x - 7 = 20x - 3 - 8x$

$-12 + 24x = 12x - 3$ | ▢

_____ | ▢

_____ | ▢

x = ▢

3

$30 + 2x + 4 = -4x + 13 - x$

_____ | ▢

_____ | ▢

_____ | ▢

x = ▢

4

$9x + 4 - 3 = 8x + 0,5 + 2x$

_____ | ▢

_____ | ▢

_____ | ▢

x = ▢

5

$-4 + 11x - 19 = 20x + 45 - 7x$

_____ | ▢

_____ | ▢

_____ | ▢

x = ▢

Berechne den Grundwert mit Formel oder Dreisatz.

6 13 % sind 117 ml

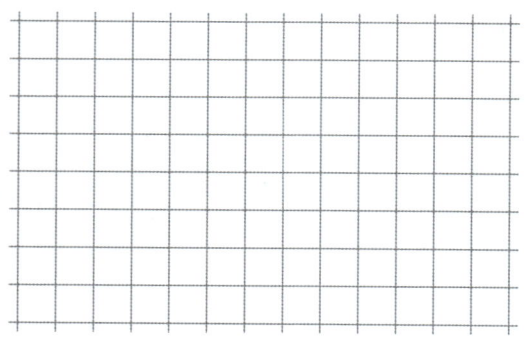

7 1,4 % sind 28 €

1 Löse die Klammern durch Ausmultiplizieren auf und fasse zusammen.

$7 \cdot (7x - 8y) =$ $7 \cdot 7x - 7 \cdot 8y = 49x - 56y$

$9 \cdot (9 - a + 3b) =$ _____

$(y - 10z) \cdot 2y =$ _____

$(15x - 3) \cdot (-10x) =$ _____

2 Fülle jeweils zuerst die Wertetabelle aus. Zeichne dann das Schaubild.

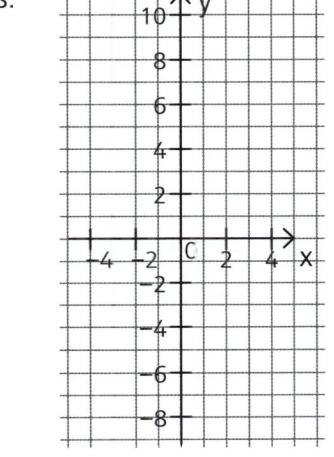

$y = 3x + 1$

x	−3	−2	−1	0	1	2	3
y	−8						

$y = x - 4$

x	−3	−2	−1	0	1	2	3
y							

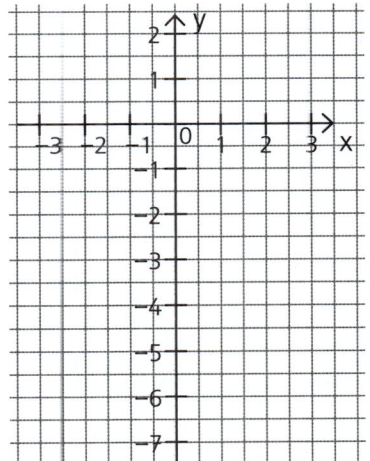

3 Berechne die fehlenden Größen.

G	60 €		70 km		38 g	3 400 m
W		54 t	69,3 km	1 100 l		8 500 m
p	120 %	3 %		44 %	15 %	

> Liegt Punkt P (2 | 7) auf dem Graphen von y = 2x + 3?
> **Punktprobe:** 7 = 2 · 2 + 3
> 7 = 7 → Punkt liegt auf dem Graphen

Liegt Punkt P auf dem Graphen? Berechne mit der Punktprobe.

1

$y = x - 3$ P (0 | 1)

1 = 0 − 3

_____

ja / nein

2

$y = 5 + 2x$ P (3 | 11)

_____

_____

ja / nein

3

$y = 2x - 4$ P (5 | 5)

_____

_____

ja / nein

4   Berechne mit Formel oder Dreisatz.

Kinder und Jugendliche im Alter zwischen 12 und 19 Jahren sind einer Studie zufolge täglich 216 Minuten online. Wie viel Prozent des Tages verbringen Kinder und Jugendliche demnach im Internet?

A: _____

_____

5   Löse die Klammern auf und fasse zusammen.

$(81x^2 + 18x) : 9x =$ _$81x^2 : 9x + 18x : 9x = 9x + 2$_

$(5a + 10b - 8c) : 0,5 =$ _____

$(120 + 99s - 9t + 33u) : 3 =$ _____

$6 · (5x - 3y + 2) + (8y - 4y - 2) : 2 =$ _____

_____

$(77x - 55y - 66 + 88) : (-1) =$ _____

Hier wurde ausgeklammert. Ergänze die Lücken.

1

$10x + 25 = 5 \cdot ($ __2x__ $+$ __5__ $)$

$3 - 9y = 3 \cdot ($ _____ $-$ _____ $)$

2

$11x + 13xy = x \cdot ($ _____ $+$ _____ $)$

$8a + 8b = 8 \cdot ($ _____ $+$ _____ $)$

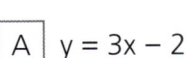 **3**   Berechne mit Formel oder Dreisatz.

Marie hatte ihr Smartphone am Samstag
insgesamt 4,5 h in Betrieb. Wie viele Minuten
hat sie jeweils mit den verschiedenen
Tätigkeiten verbracht?

Spiele spielen: 10 %

Videos anschauen: 25 %

Onlineshoppen: 5 %

Soziale Netzwerke: 60 %

Soziale Netzwerke: _____ min   Videos anschauen: _____ min

Spiele spielen: _____ min   Onlineshoppen: _____ min

4   Welche Funktionsgleichung
gehört zu welchem Graphen?

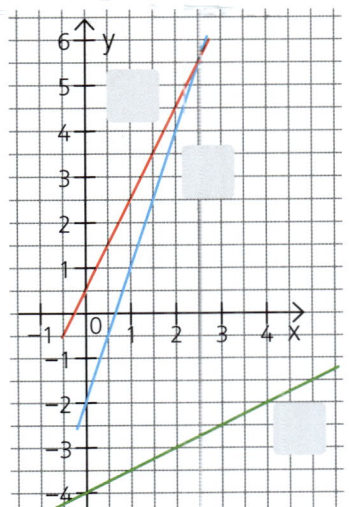

$\boxed{A}$ $y = 3x - 2$

$\boxed{B}$ $y = 2x + 0,5$

$\boxed{C}$ $y = 0,5x - 4$

1 Berechne mit Formel oder Dreisatz.

22 % aller befragten Jugendlichen gab an, im Schnitt zwei Stunden oder mehr mit Computer- oder Videospielen zu verbringen. Das waren 2 244 Jugendliche. Wie viele Jugendliche wurden befragt?

A: _____

Klammere einen möglichst großen Faktor aus.

2

$18x + 81y = $ _$9 \cdot (2x + 9y)$_

$100ab - 10a = $ _____

$x + 5xy = $ _____

$14a + 70b = $ _____

3

$99 - 88s = $ _____

$24x^2 + 36xy = $ _____

$30mn - 75mno = $ _____

$4x^2 - 12x = $ _____

4

$488 + 532 = $ _____

$129 + 244 = $ _____

$96 + 211 = $ _____

Summe: _____

5

$1000 - \quad 66 = $ _____

$1000 - \quad 543 = $ _____

$2000 - 1891 = $ _____

Summe: _____

6

$2535 - 1605 = $ _____

$1322 - \quad 730 = $ _____

$287 + \quad 91 = $ _____

Summe: _____

| 1 500 | 1 700 | 1 900 |

7

| 0,5 | → · 50 → | ☐ | → + 215 → | ☐ | → : 8 → | ☐ | → − 66 → | ☐ |

12

A	C	D	E	I	M	N	O	P	R	T	U	W	Z
−56	−24	−10	0,5	1,5	2	6	9	14	20	28	33	44	60

96,8 von 220 → p = ▢

5 · (−18) + 34 = ▢

$\frac{1}{5}$ in % = ▢

−12,5x = −25 → x = ▢

9 % = 2,97 → G = ▢

$5x - \frac{3}{2}x = 49 \rightarrow x =$ ▢

−84 : (−6) = ▢

15x = 7,5 → x = ▢

2 % von 1000 = ▢

(−216) : 9 = ▢

−3x + 4x = 9 → x = ▢

(−10,5) · 4 + 44 = ▢

0,33 von 66 → p = ▢

−6x + 2 = 62; x = ▢

66x = 99 → x = ▢

510 − 260 − 306 = ▢

1,92 von 32 → p = ▢

(−2 420) : (−55) = ▢

100x − 88x = 18; x = ▢

64 % = 17,92 → G = ▢

(−32) · 2,5 + 140 = ▢

25 % von 2 = ▢

Ein/eine ▢▢▢▢▢-▢▢▢▢▢▢/in ist ein ▢▢▢▢▢▢▢▢,

der/die ▢▢▢▢▢ erzählt, um das Publikum vor einer Sendung in Stimmung

zu bringen.

1 Schreibe als Term. Denke an die Klammer.

Der Quotient aus 5 und 2y wird zum Doppelten einer Zahl addiert: _____

Subtrahiere die Summe von 10 und 5x von dem Produkt aus 4 und y: _____

Die Differenz aus einer Zahl und deren Nachfolger, mit 5 multipliziert: _____

Löse die Klammern auf und fasse zusammen.

2

$-3a - (5 - b) =$ _____

$-(x + 4y) - 3y =$ _____

$8 + 4c - (9 - 9c) =$ _____

3

$4 \cdot (-6a + 5) =$ _____

$2x \cdot (x - 9) =$ _____

$(22g - 11h) : (-2) =$ _____

Klammere einen möglichst großen Faktor aus.

4

$30s - 6st =$ _____

$9x^2 + 27xy^2 =$ _____

5

$ef - 5f =$ _____

$10vw^2 + 10v^2w^2 =$ _____

6 Berechne die fehlenden Größen.

G		450 g	39 m	3 050 l		4 km
W	1,50 €	9 g		213,5 l	95 €	
p	6 %		9,5 %		19 %	0,5 %

7

$12x - 9 = -3 \quad |$ ⬜

_____ $|$ ⬜

$x =$ ⬜

8

$15 + 3x = 405 \quad |$ ⬜

_____ $|$ ⬜

$x =$ ⬜

9 Das Schaubild zeigt die Anzahl der Besucher eines Einkaufszentrums zu unterschiedlichen Zeiten.

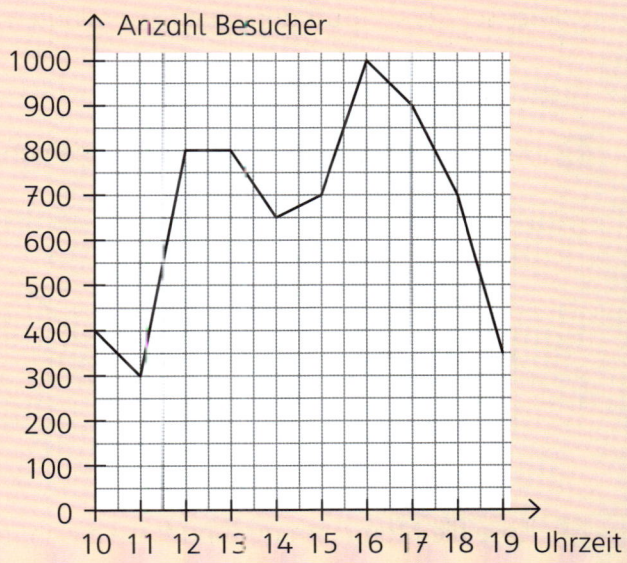

Um 13 Uhr waren _____ Besucher in

dem Einkaufszentrum. Am meisten

Besucher gab es um _____ Uhr, am

wenigsten Besucher gab es um _____

Uhr. Den größten Anstieg an Besuchern

innerhalb einer Stunde gab es zwischen

_____ Uhr und _____ Uhr.

Liegt Punkt P auf dem Graphen? Berechne mit der Punktprobe.

10
y = 9 + 4x   P (2 | 17)

_____

_____

ja / nein

11
y = 8x − 11   P (−2 | −26)

_____

_____

ja / nein

12
y = 6 − 2x   P (7 | −8)

_____

_____

ja / nein

13 Welche Funktionsgleichung gehört zu welchem Graphen?

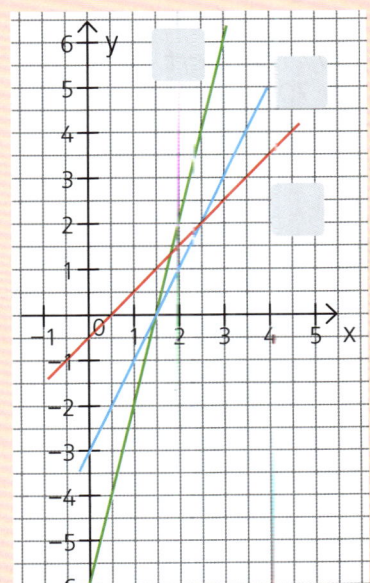

A   y = 2x − 3

B   y = x − 0,5

C   y = 4x − 6

Du hast [ ] Aufgaben richtig gelöst.

!

Eine **proportionale Funktion** ist eine Funktion mit der Gleichung **y = m · x**.
Ihre Gerade verläuft durch den Koordinatenursprung.

1 Kreuze alle proportionalen Funktionen an.

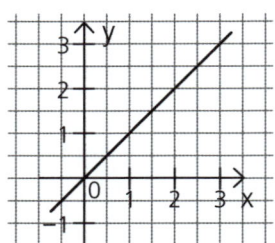 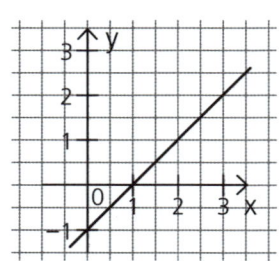 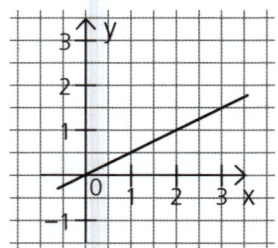

2 Löse die Klammern auf und fasse zusammen.

$\frac{1}{2} \cdot (6x + 9y - 8x^2 + 2) = $ _____

$(s - 4 - 2s^2 + 10t + 1) \cdot 3s = $ _____

$(10a - b - 9 + 5a + 1) \cdot 0{,}5 = $ _____

$x \cdot (x - 2y + 4) + (8x - 4y - 1) : 2 = $ _____

3 Immer drei Kärtchen gehören zusammen. Male sie in derselben Farbe aus.

> Die Jeans war um 30% reduziert.
> Ich habe also nur 70% des
> ursprünglichen Preises bezahlt!

> Mein Stundenlohn wurde um 5%
> erhöht. Mein neuer Stundenlohn
> entspricht also 105%!

| um 5 % vermehrt | · 0,7 | 70 % | 105 % | um 30 % vermindert | · 1,05 |

Multiplizieren von Summen:

$(3 + x) \cdot (y + 5)$ $= 3 \cdot y + 3 \cdot 5 + x \cdot y + x \cdot 5$
$= 3y + 15 + xy + 5x$

1 Multipliziere und fasse zusammen.

$(x + 2) \cdot (y + 2) =$ _____

$(4 + a) \cdot (b + 8) =$ _____

$(3x + 5) \cdot (6x + 1) =$ _____

$(0,5 + m) \cdot (0,5 + n) =$ _____

2 Berechne den vermehrten bzw. verminderten Grundwert.

Grundwert	500 €	130 €	80,50 €	44 €
+3 %				
+10,5 %				
−28 %				
−64 %				

> **m** = Steigung der Geraden
> **m** = 3 → 1 Einheit nach rechts, 3 Einheiten nach oben
> **m** = −2 → 1 Einheit nach rechts, 2 Einheiten nach unten

3 Zeichne das Steigungsdreieck ein. Bestimme die Steigung m der Geraden.

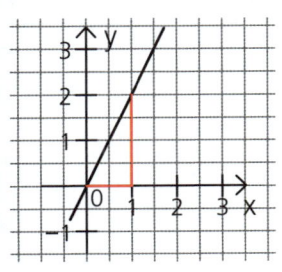

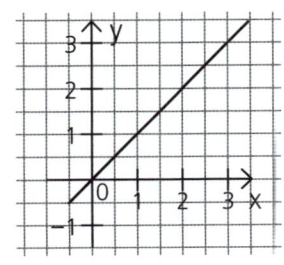

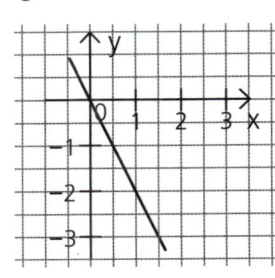

m = _____   m = _____   m = _____

> *Das Malzeichen kann man auch weglassen:*
> *(x + 2) (4 + y) = (x + 2) · (4 + y)*

1 Multipliziere und fasse zusammen.

$(x + 2)(4 + y) =$ _____

$(3 + s)(s + 3) =$ _____

$(5a + 2b)(a + b) =$ _____

$(0 + x)(3x + 1) =$ _____

2 Zeichne das Steigungsdreieck ein und bestimme die Steigung m der Geraden. Ordne dann den Schaubildern die richtige Funktionsgleichung zu.

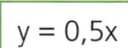

| $y = -3x$ | $y = -2x$ | $y = 0,5x$ |

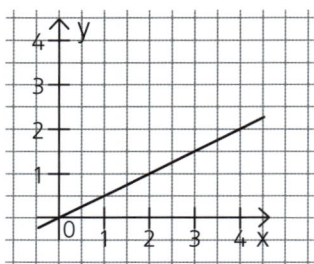
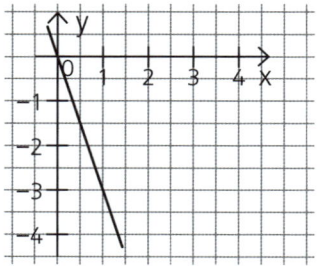
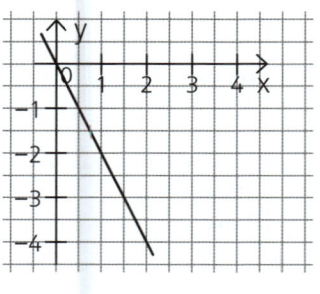

m = _____ y = _____   m = _____ y = _____   m = _____ y = _____

3 Berechne die neuen Preise.

65 €   89 €   22 €

> **Rabattaktion!**
> 24 % auf alle Jacken
> 26 % auf alle Hemden
> 28 % auf alle Schuhe

1 Um wie viel Prozent wurde der Preis jeweils erhöht?

Alter Preis	80 €	144 €	320 €	404 €
Neuer Preis	84,80 €	165,60 €	588,80 €	521,16 €
Erhöhung in %	6 %			

2 Fülle die Lücken aus.

$(7 +$ ____$)(b + 4) = 7b + 28 + ab +$ ____

$(2x + 5)($ ____ $+ x) = 4x +$ ____ $+ 10 +$ ____

$(4m + 1)($ __ $+$ ____$) = 4mn + 8m^2 + n + 2m$

3 Fülle die Lücken aus.

$($ ____ $+$ ____$)(f + 9) = f + 9 + ef + 9e$

$(s + 2t)(t +$ ____$) =$ ____ $+ 2s^2 + 2t^2 + 4st$

$(3a + 3)(a +$ __$) = 3a^2 +$ _____ $+ 3a + 3b$

Tipp zum Ablesen der Steigung:
1. Markiere zwei Punkte auf der Geraden, die gut ablesbar sind.
2. Zeichne das Steigungsdreieck ein.
3. Schreibe die Steigung **m** als Bruch: Im Zähler die Einheiten nach oben oder unten, im Nenner die Einheiten nach rechts:

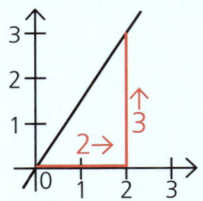

$m = \frac{\uparrow\downarrow}{\rightarrow}$

$m = \frac{3}{2}$

Steigungen nach unten sind negativ!

4. Vereinfache den Bruch, wenn möglich: $m = \frac{3}{2} = 1{,}5$

---

4 Gib zuerst die Steigung und dann die Funktionsgleichung an.

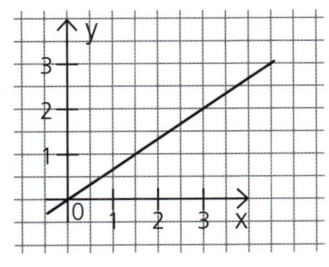

m = ____

y = ____

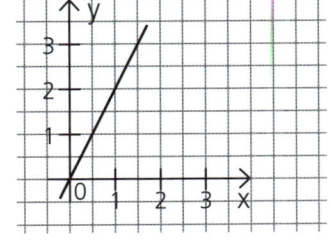

m = ____

y = ____

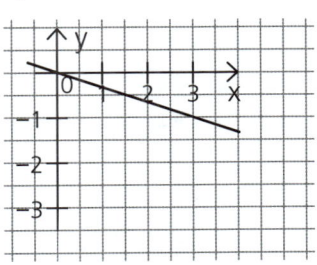

m = ____

y = ____

1 Zeichne den Graphen der proportionalen Funktion durch den Punkt P. Gib die Steigung und die Funktionsgleichung an.

P (3 | 1,5)

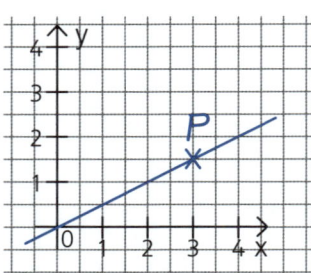

P (2 | −2)

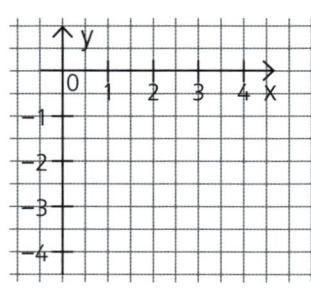

P (1,5 | −3)

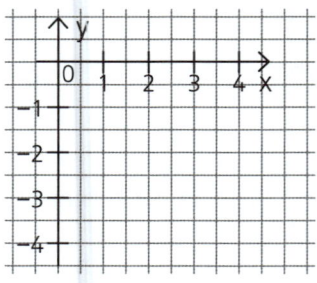

m = _____

m = _____

m = _____

y = _____

y = _____

y = _____

2 Um wie viel Prozent wurden die Smartphones jeweils reduziert?

Smartphone
~~899,− €~~
712,20 €

Smartphone
~~556,− €~~
433,68 €

Terme mit **Minuszeichen:** $(x - 2)(x + 4)$
$= x \cdot x + x \cdot 4 - 2 \cdot x - 2 \cdot 4$
$= x^2 + 4x - 2x - 8$
$= x^2 + 2x - 8$

3 Multipliziere und fasse zusammen.

$(a - 3)(b + 2) =$ _____

$(x - 1)(5 - y) =$ _____

$(x + 6)(y - 3) =$ _____

$(n - 2)(2 - n) =$ _____

1 Schreibe die Funktionsgleichung der jeweiligen Geraden auf.

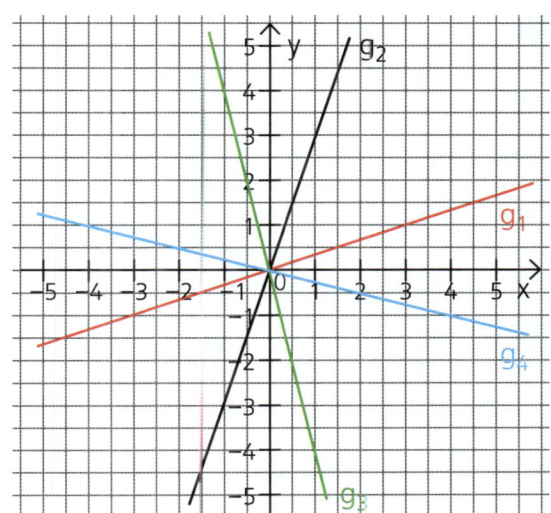

g_1: y = _____

g_2: y = _____

g_3: y = _____

g_4: y = _____

2 Löse die Klammern auf und vereinfache.

$(5a - 3b)(1 + 2b) =$ _____

$(a - 2)(2a - 2b) =$ _____

$(4x + 3y)(y - 2) - (1 + x^2) =$ _____

$(s + 8t)(t^2 - 4s) - 5(s + t) =$ _____

3 Wie war der Stundenlohn vor der Lohnerhöhung?

Alter Stundenlohn	18,00 €			
Lohnerhöhung	5 %	3 %	4 %	8 %
Neuer Stundenlohn	18,90 €	16,48 €	23,40 €	11,88 €

4 Wie hoch sind die Preise ohne die Mehrwertsteuer von 19 %?

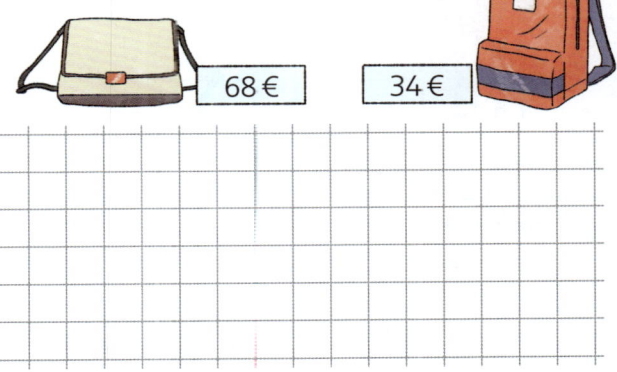

68 €   34 €

1 Fülle die Tabelle aus.

Alter Preis	38,50 €		83,50 €	140 €
vermindert/vermehrt um	*+12%*	+22 %		−34 %
Neuer Preis	43,12 €	671 €	66,80 €	

2 Löse die Klammern auf und vereinfache.

$8(a + 2b) + (5a − 3)(1 + 4b) = $ _____

$(−3d − 2e)(1 − 5e) + (6 − 3e) \cdot 4 = $ _____

$4x(x − 2) + (x + 6y)(4 − 6x) = $ _____

$(x − 1)(x − 5) + (5x + 3) \cdot x = $ _____

3 Zahlen, die nebeneinander liegen, werden addiert.

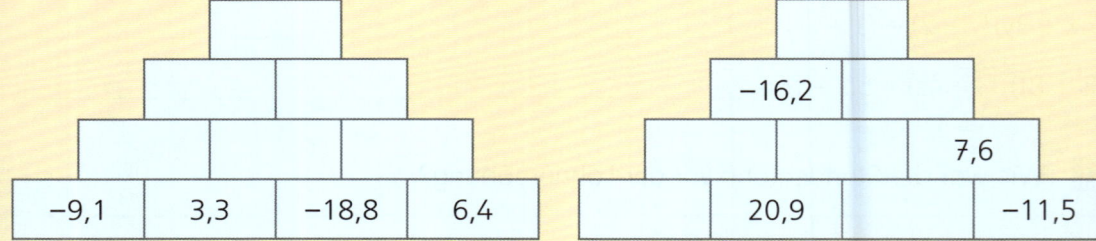

4

·	0,15	1,1	0,9	4
0,8				
1,5				
0,2				
Summe der Ergebnisse				

Summe der Ergebnisse: 10   2,25   2,75   0,375

B	E	G	H	L	M	N	O	S	U
0	7	16	45	99	130	202	414	760	1 000

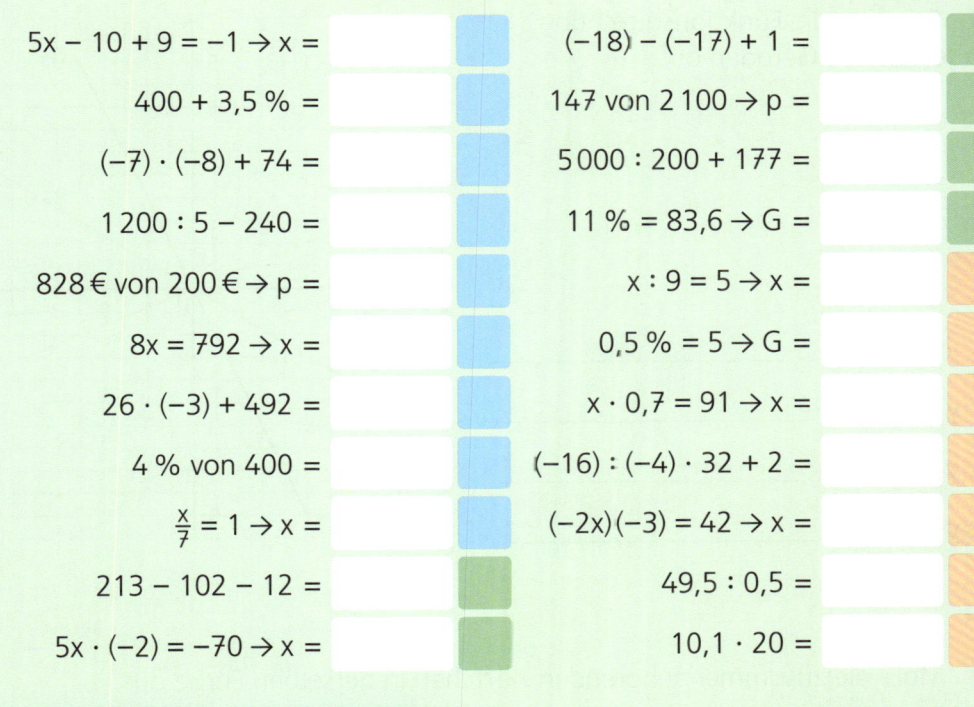

$5x - 10 + 9 = -1 \rightarrow x =$

$400 + 3,5\,\% =$

$(-7) \cdot (-8) + 74 =$

$1200 : 5 - 240 =$

$828\,€ \text{ von } 200\,€ \rightarrow p =$

$8x = 792 \rightarrow x =$

$26 \cdot (-3) + 492 =$

$4\,\% \text{ von } 400 =$

$\frac{x}{7} = 1 \rightarrow x =$

$213 - 102 - 12 =$

$5x \cdot (-2) = -70 \rightarrow x =$

$(-18) - (-17) + 1 =$

$147 \text{ von } 2\,100 \rightarrow p =$

$5\,000 : 200 + 177 =$

$11\,\% = 83,6 \rightarrow G =$

$x : 9 = 5 \rightarrow x =$

$0,5\,\% = 5 \rightarrow G =$

$x \cdot 0,7 = 91 \rightarrow x =$

$(-16) : (-4) \cdot 32 + 2 =$

$(-2x)(-3) = 42 \rightarrow x =$

$49,5 : 0,5 =$

$10,1 \cdot 20 =$

Ein/eine [   ] /in beobachtet und untersucht das Verhalten, die Fortpflanzung und die [   ] weise von [   ] .

1 Zeichne den Graphen der proportionalen Funktion durch den Punkt P.
Gib die Steigung und die Funktionsgleichung an.

P (5 | −3)   P (1 | −2,5)   P (2,5 | 3)

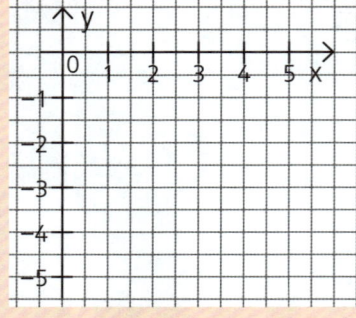   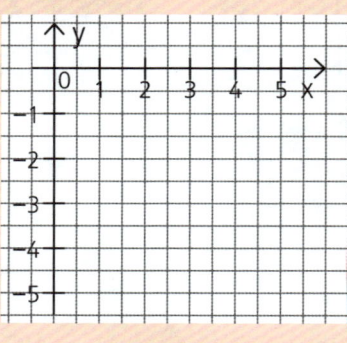   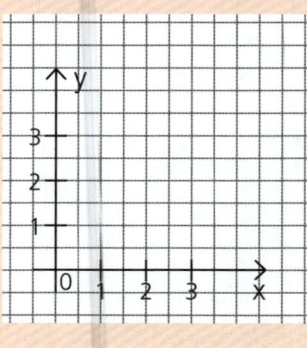

m = _____   m = _____   m = _____

y = _____   y = _____   y = _____

2 Schreibe die Funktionsgleichung
der jeweiligen Geraden auf.

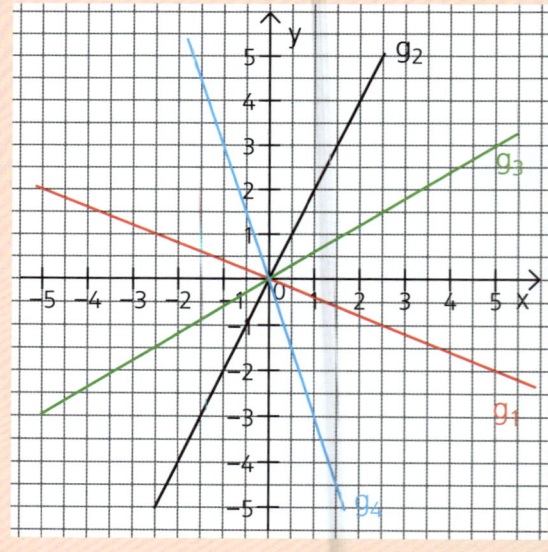

g_1: y = _____

g_2: y = _____

g_3: y = _____

g_4: y = _____

3 Male die zusammengehörenden Kärtchen in derselben Farbe aus.

um 19 % vermehrt	um 81 % vermindert

19 %	· 1,19	· 0,19	119 %

4 Multipliziere und fasse zusammen.

$(4 + x)(5 + y) =$ _____

$(a + b)(b - 2) =$ _____

$(n - 8)(8 - n) =$ _____

5 Löse die Klammern auf und vereinfache.

$(7x + 8y)(1 + 6x) - 9y =$ _____

$(3a + 2b)(b - 3) - (a^2 + 1) =$ _____

$(x + 9y)(y^2 - 5x) - 3(x - y) =$ _____

6 Fülle die Tabelle aus.

Alter Preis		47,00 €	892	17,20 €
vermindert/vermehrt um	−67 %		−22 %	
Neuer Preis	88,44 €	54,52 €		10,32 €

7 Clara hat im Schlussverkauf ein Sweatshirt für 30,42 € und einen Gürtel für 14,82 € gekauft. „Beides war um 22 % reduziert!" Was haben die beiden Waren regulär gekostet?

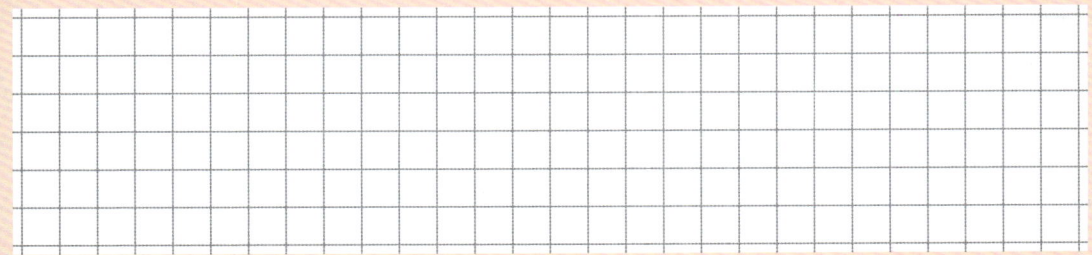

8 Noah hat eine Jeans entdeckt, die von 45 € auf 29,25 € reduziert ist. Wie viel Prozent kann er sparen?

Du hast ☐ Aufgaben richtig gelöst.

!

Eine **lineare Funktion** ist eine Funktion mit der Gleichung **y = m · x + c**.
c bezeichnet den y-Achsenabschnitt der Geraden.

1 Zeichne das Steigungsdreieck ein und markiere c. Bestimme dann den y-Achsenabschnitt c und die Steigung m.

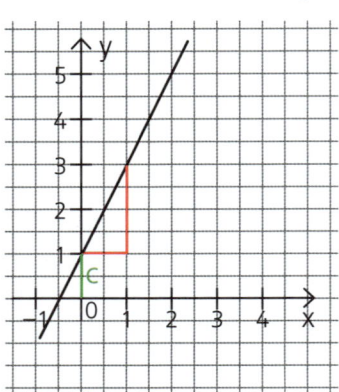 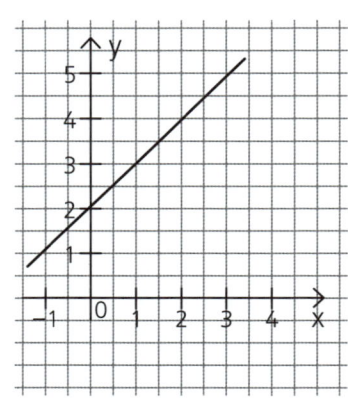 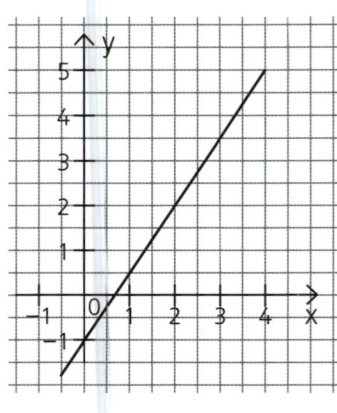

c = _1_____   c = _____   c = _____

m = _____   m = _____   m = _____

2 Löse die Klammern auf und vereinfache.

$(0,5a + 3,5b)(7a + 1) + 11a =$ _____

$(4s - t)(s - 4) - (s^2 + 1,5) =$ _____

$(9x + 9y)(x^2 - 3y) - 5(2x - y) =$ _____

3 Unterstreiche: Kapital (K) = <u>blau</u>, Zinsen (Z) = <u>rot</u>, Zinssatz (p) = <u>grün</u>

1. Für den Kauf einer Wohnung leiht sich Herr Kühn 90 000 € von der Bank. Bei einem
   Zinssatz von 2,1 % bezahlt er 1 890 € Zinsen in einem Jahr.

2. Bei einem Zinssatz von 1,4 % erhält Sandra für ihre Wertpapiere in Höhe von
   3 000 € in diesem Jahr 42 € Zinsen.

3. Frau Liebe zahlt im Monat 348,33 € Zinsen. Sie hat sich eine Wohnung im Wert von
   220 000 € gekauft und bei der Bank einen Kredit (1,9 %) erhalten.

1 Immer 3 Kärtchen gehören zusammen. Male sie in derselben Farbe aus.

1. binomische Formel	$(a - b)^2$ $= a^2 - 2ab + b^2$	2. binomische Formel	$(a + b)(a - b)$ $= a^2 - b^2$	$(4 + x)(4 - x)$ $= 4^2 - x^2$

$(a + b)^2$ $= a^2 + 2ab + b^2$	3. binomische Formel	$(4 - x)^2$ $= 4^2 - 2 \cdot 4 \cdot x + x^2$	$(4 + x)^2$ $= x^2 + 2 \cdot 4 \cdot x + 4^2$

2 Wende die 1. binomische Formel an.

$(x + 3)^2 = $ <u>$x^2 + 2 \cdot x \cdot 3 + 3^2 = x^2 + 6x + 9$</u>

$(5 + m)^2 = $ _____

$(2a + b)^2 = $ _____

$(3x + 4y)^2 = $ _____

3 Bestimme den y-Achsenabschnitt c und die Steigung m. Ordne dann den Schaubildern die richtige Funktionsgleichung zu.

$y = -x + 3$	$y = 3x - 2$	$y = \frac{1}{2}x + 1$

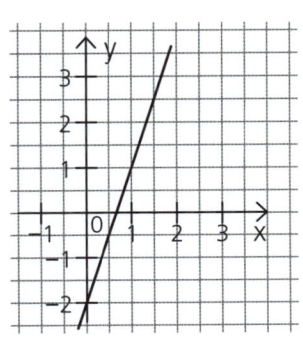

_____

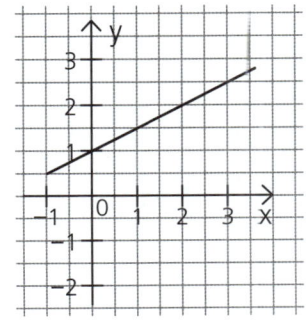

_____

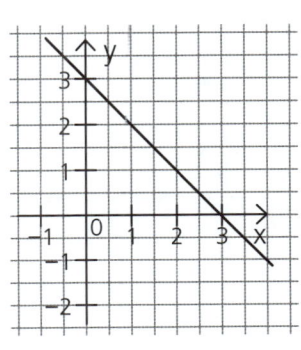

_____

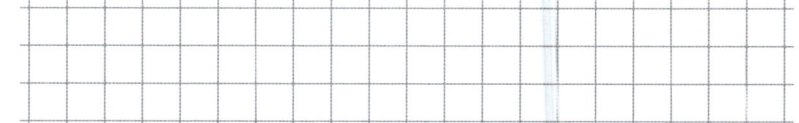

> In der **Zinsrechnung** kannst du sowohl mit der **Formel** als auch mit dem **Dreisatz** rechnen:
>
> $Z = \frac{K \cdot p}{100}$
>
> $Z = \frac{2000 € \cdot 2\%}{100}$
>
> $Z = 40 €$
>
> | Anteil in % | Betrag in € |
> |---|---|
> | 100 | 2000 |
> | 1 | 20 |
> | 2 | 40 |
>
> : 100   · 2   : 100   · 2
>
> Wenn nicht anders angegeben, werden die Zinsen immer auf **ein Jahr** berechnet.

1 Berechne die Jahreszinsen mit Formel oder Dreisatz.

> Kapital: 9000 €
> Zinssatz: 3,5 %

2 Wende die 2. binomische Formel an.

$(x - 5)^2 =$ _____

$(8 - n)^2 =$ _____

$(s - 3t)^2 =$ _____

3 Gib zuerst den y-Achsenabschnitt c und die Steigung m an. Zeichne die Geraden dann in das Koordinatensystem. Markiere hierfür den y-Achsenabschnitt c und zeichne ein Steigungsdreieck ein.

> $y = 2,5x + 1$

> $y = x - 3$

> $y = -2x + 2$

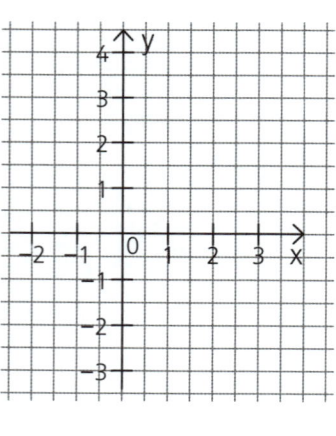

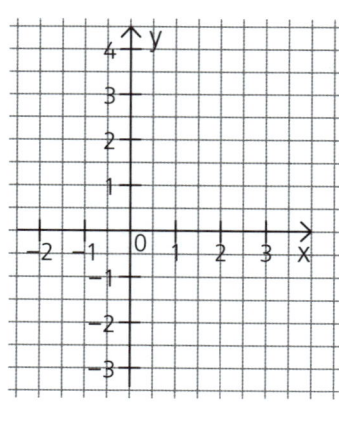

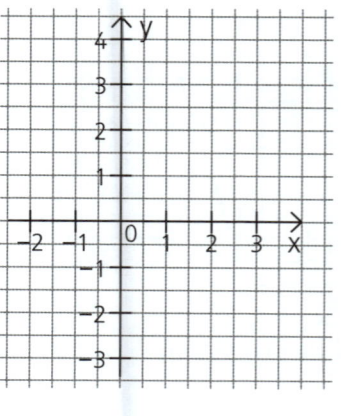

c = _____   m = _____   c = _____   m = _____   c = _____   m = _____

1 Bestimme zuerst den y-Achsenabschnitt c und die Steigung m. Gib dann die Gleichung der linearen Funktion an.

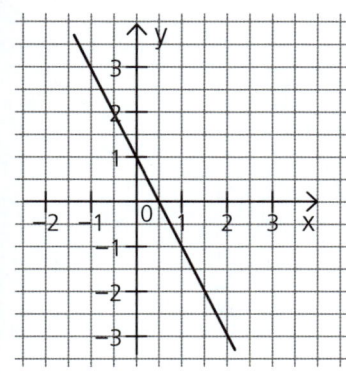
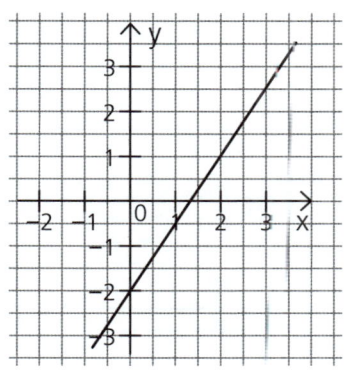
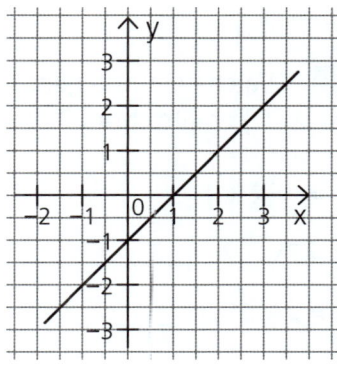

c = _____ m = _____   c = _____ m = _____   c = _____ m = _____

Gleichung: y = _____   Gleichung: y = _____   Gleichung: y = _____

2 Wende die 3. binomische Formel an.

$(a + 3)(a - 3) =$ _____

$(6 + x)(6 - x) =$ _____

$(s + 2t)(s - 2t) =$ _____

3 Wende jeweils eine der drei binomischen Formeln an.

$(5 + e)(5 - e) =$ _____

$(x + 3y)^2 =$ _____

$(2s - t)^2 =$ _____

4 Berechne den Zinssatz mit Formel oder Dreisatz.

Kapital: 45 000 €
Zinsen: 1 125 €

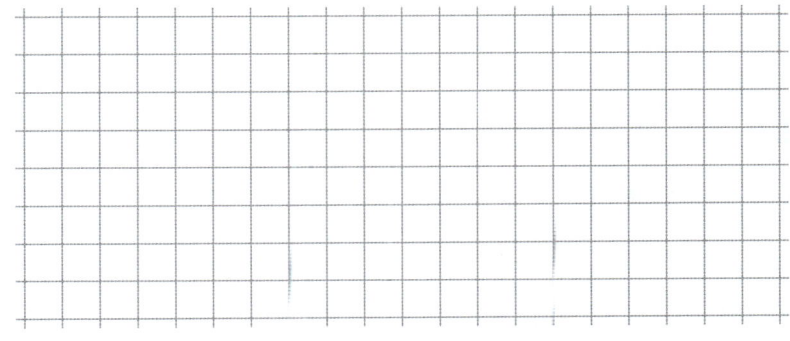

> **y-Achsenabschnitt c** bedeutet:
> Der Graph schneidet die y-Achse in Punkt P (0 | c).

1 Welche Gerade gehört zu welcher Gleichung?

$y = -\frac{1}{2}x + 1$: _____

$y = 2x - 2$: _____

$y = x + 1,5$: _____

$y = 3x - 3$: _____

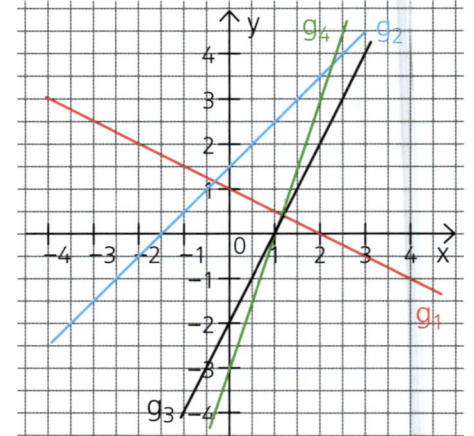

2 Berechne das Kapital mit Formel oder Dreisatz.

| Zinsen: 87 € |
| Zinssatz: 2,9 % |

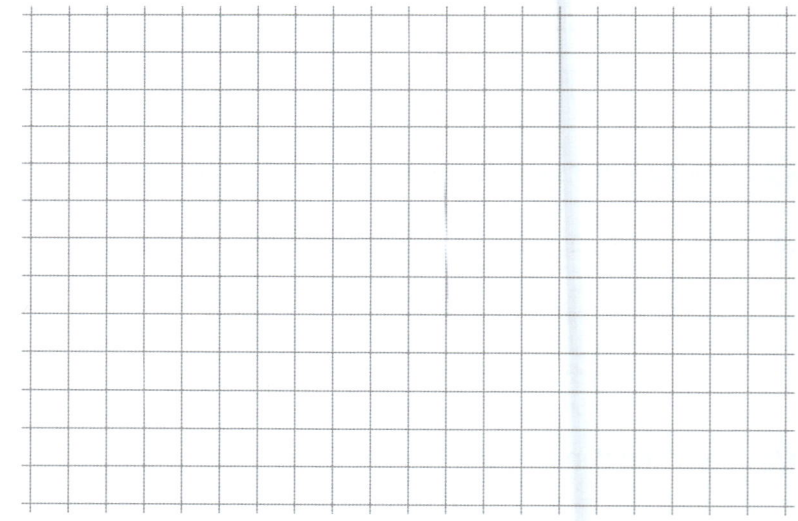

| Zinsen: 3 840 € |
| Zinssatz: 6,4 % |

3 Löse die Klammern auf und vereinfache.

$(x + 3)(x - 3) + (2x + y)^2 =$ _____

$(4 - x)^2 - (5x + 3y) =$ _____

$(5s + t)^2 + (8s - t) \cdot 3 =$ _____

Faktorisieren (Umwandeln von Summen in Produkte):

Bei geeigneten Produkttermen kann man die binomischen Formeln „rückwärts"
anwenden.

$a^2 + 6a + 9$ $x^2 - 10xy + 25$ $y^2 - 16$

$= a^2 + 2 \cdot a \cdot 3 + 3^2$ $= x^2 - 2 \cdot x \cdot 5 + 5^2$ $= y^2 - 4^2$

$= (a + 3)^2$ $= (x - 5)^2$ $= (y + 4)(y - 4)$

1   Fülle die Lücken aus.

$x^2 + 10x + 25 = x^2 + 2 \cdot$ ____ $\cdot x + 5^2 = (x +$ ____$)^2$

$x^2 - 18x + 81 =$ ____ $- 2 \cdot$ ____ $\cdot x +$ ____ $= (x -$ ____$)^2$

$64 - y^2 =$ ____$^2 - y^2 = ($____ $+ y)($____ $- y)$

2   Clara legt 1 300 € zu einem Zinssatz von 0,9 % an. Wie hoch sind die
Zinsen nach einem Jahr?

3   Marlene erhält für 2 200 € nach
einem Jahr 24,20 € Zinsen. Zu welchem
Zinssatz hat sie ihr Geld angelegt?

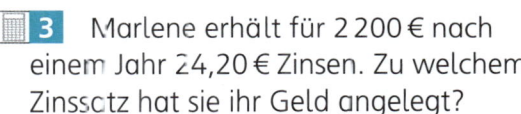

$m_1 = m_2$:   Geraden verlaufen **parallel** zueinander
$m_1 \cdot m_2 = -1$: Geraden verlaufen **senkrecht** zueinander

4   Immer zwei Geraden verlaufen parallel zueinander. Male die Kärtchen in
derselben Farbe aus.

$y = -2x + 2$	$y = x - 3$	$y = -3x + 3$	$y = x + 2$
$y = -3x - 3$	$y = -\frac{1}{2}x + 2$	$y = -2x + 3$	$y = -\frac{1}{2}x + 1$

Verlaufen die beiden Geraden senkrecht zueinander?

1
g_1: $y = 4x - 2$
g_2: $y = -\frac{1}{4}x - 3$

$4 \cdot \left(-\frac{1}{4}\right) = -1$

<u>ja</u> / ~~nein~~

2
g_1: $y = 2x + 1$
g_2: $y = -2x + 1$

ja / nein

3
g_1: $y = 3x + 2$
g_2: $y = \frac{1}{3}x - 2$

ja / nein

4 Faktorisiere.

$a^2 + 20a + 100 = $ _____

$x^2 - 24x + 144 = $ _____

$a^2 - 49 = $ _____

5 Löse die Klammern auf und vereinfache.

$3ab - (a + 5b)^2 = $ _____

$(8 - 2x)^2 - (4 + x) = $ _____

$2(-5 + m) + (5 + m)(5 - m) = $ _____

6 Berechne die fehlenden Größen.

Kapital K	7000 €		800 €		1650 €	74000 €
Zinsen Z		253 €	38,40 €	133,30 €	95,70 €	
Zinssatz p	3,4 %	2,3 %		3,1 %		0,8 %

7

_____ : 30 = 16

1,5 · _____ = 33

_____ : 0,5 = 75

290 · 11 = _____

_____ : 6 = 0,6

8

$(-0,5) \cdot$ _____ $= -66$

$(-0,2) \cdot (-0,2) = $ _____

$88 \cdot (-1,5) = $ _____

$0,7 \cdot$ _____ $= -0,35$

_____ $\cdot 0,05 = 5$

9

_____ : 2,5 + 1,5 = 4,5

5 · _____ − 12 = 48

8 + 320 : _____ = 88

_____ − 7 · 13 = −1

77 − 40 : _____ = 69

Das Übungsheft Deutsch – Klasse 8

Rechtschreib- und Grammatiktraining

Das bewährte Übungsheft Deutsch ist der ideale Trainingsbegleiter durch ein ganzes Schuljahr.

- kleine, in sich geschlossene Übungseinheiten
- Anleitung zum Einsetzen von Rechtschreibstrategien
- immer wiederkehrende, selbsterklärende Übungsformate
- viele spielerische Aufgaben und Elemente
- mit Stickerbild und Lösungsheft für die Selbstkontrolle

Das Übungsheft Deutsch 8
64 S., vierf., Gh, 17 x 24 cm, mit Stickerbogen und Lösungsheft (16 S., vierf.)
ISBN 978-3-619-84170-7

www.mildenberger-verlag.de/190

Das Übungsheft Lesen – Klasse 8

Lesetraining und Leseverständnis

Dieses Übungsheft bringt alle zum Lesen: mit wirklich kurzen, spannenden Texten aus dem Interessengebiet der Jugendlichen.

- kurze konzentrierte Übungseinheiten
- verschiedene Textsorten: Erzähltexte, Sachtexte, Gebrauchstexte, nicht-lineare Texte
- in 4 Schritten zur Texterarbeitung: Überblick verschaffen, unbekannte Wörter klären, worum geht es genau?, mit dem Text arbeiten
- mit Stickerbild und Lösungsheft zur Selbstkontrolle

Das Übungsheft Lesen 8
64 S., vierf., Gh, 17 x 24 cm, mit Stickerbogen und Lösungsheft (16 S., vierf.)
ISBN 978-3-619-84172-1

www.mildenberger-verlag.de/192

INDIGO

Das Wörterbuch mit Bildern

Ein Wörterbuch, das hilft, Wortbedeutungen zu verstehen, Wörter richtig zu schreiben und sich mit anderen zu verständigen. Dafür werden Bilder auf vielfältige Art und Weise zur Unterstützung der Sprache eingesetzt.

INDIGO enthält:

- ein thematisch angelegtes Bildwörterbuch
- ein umfassendes Wörterverzeichnis, in dem viele Eintragungen durch Bilder veranschaulicht werden
- einen kurzen Grammatik- und einen kompakten Rechtschreibteil

INDIGO – Das Wörterbuch mit Bildern
304 Seiten, vierf., 16 x 22 cm, Flexibler Kunststoffeinband

Print	ISBN 978-3-619-14431-0
Digital-Lizenz, 15 Monate	ISBN 978-3-619-91994-9

INDIGO – Arbeitsheft Grammatik
64 S., vierf., Gh, DIN A4, mit Lösungsheft (16 S., vierf.) – ISBN 978-3-619-14433-4

INDIGO – Arbeitsheft Rechtschreiben
64 S., vierf., Gh, DIN A4, mit Lösungsheft (16 S., vierf.) – ISBN 978-3-619-14434-1

www.mildenberger-verlag.de/622

Das Übungsheft Mathematik 8 (8504-54)

1 Male die zusammengehörenden Kärtchen in derselben Farbe aus.

Prozentwert	Anteil in %	G	das Ganze	W
Prozentsatz	p	Grundwert	Teil vom Ganzen	

2 Fülle anhand des Schaubilds die Tabelle aus.

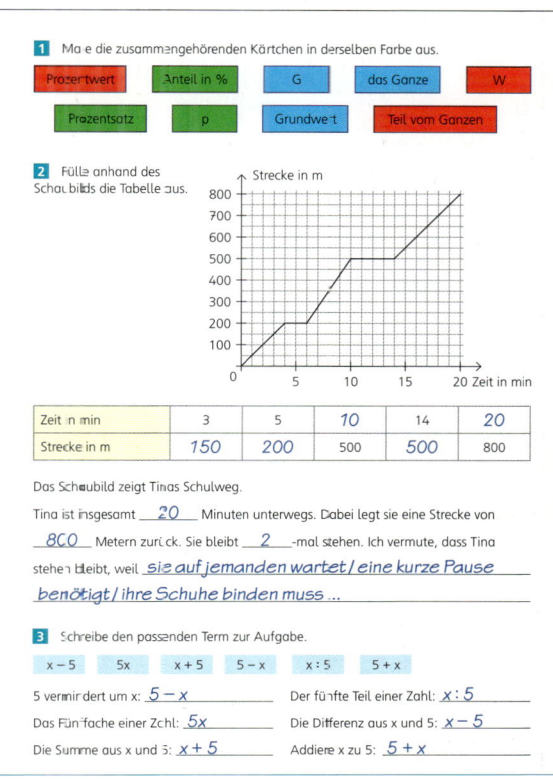

Strecke in m

Zeit in min	3	5	10	14	20
Strecke in m	150	200	500	500	800

Das Schaubild zeigt Tinas Schulweg.

Tina ist insgesamt __20__ Minuten unterwegs. Dabei legt sie eine Strecke von __800__ Metern zurück. Sie bleibt __2__-mal stehen. Ich vermute, dass Tina stehen bleibt, weil _sie auf jemanden wartet / eine kurze Pause benötigt / ihre Schuhe binden muss ..._

3 Schreibe den passenden Term zur Aufgabe.

$x - 5$	$5x$	$x + 5$	$5 - x$	$x : 5$	$5 + x$

5 vermindert um x: $5 - x$ Der fünfte Teil einer Zahl: $x : 5$

Das Fünffache einer Zahl: $5x$ Die Differenz aus x und 5: $x - 5$

Die Summe aus x und 5: $x + 5$ Addiere x zu 5: $5 + x$

3

---

1 Schreibe als Term. Manchmal musst du eine Klammer setzen.

Die Summe aus x und y multipliziert mit 10: $(x + y) \cdot 10$

Das Produkt aus x und 9 vermindert um y: $x \cdot 9 - y$

Zum Achtfachen einer Zahl wird der Quotient aus 12 und y addiert: $8x + 12 : y$

Die Summe aus 90 und x, multipliziert mit der Differenz aus y und 6:

$(90 + x) \cdot (y - 6)$

Von der Summe aus 90 und x wird das Produkt aus y und 6 subtrahiert:

$(90 + x) - y \cdot 6 / (90 + x) - 6y$

2 Unterstreiche:
Grundwert (G) = blau, Prozentwert (W) = rot, Prozentsatz (p) = grün

1. Ein Paar Sneaker für 89 € sind um 20 % reduziert. Luca spart 17,80 €.
2. Die gepackte Schultasche sollte nicht mehr als 10 % des Körpergewichts betragen. Bei 57 kg Körpergewicht wären das maximal 5,7 kg.
3. Von 5 488 Säugetierarten sind mindestens 1 372 bedroht. Das entspricht einem Viertel (25 %) der Säugetiere.

3 Die Tabelle zeigt die Anzahl der Besucher eines Jahrmarkts zu unterschiedlichen Uhrzeiten. Zeichne anhand der Tabelle das passende Schaubild.

Uhrzeit	Anzahl Besucher
10:00	50
11:00	75
12:00	150
13:00	150
14:00	200
15:00	300
16:00	350
17:00	350
18:00	350
19:00	200

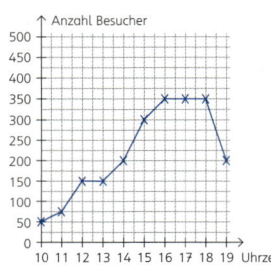

Anzahl Besucher

Berechne im Kopf und finde das Lösungswort.

1
1 % von 700 € = __7__ €
20 % von 40 kg = __8__ kg
50 % von 250 m = __125__ m
100 % von 9 g = __9__ g

2
3 € von 30 € = __10__ %
5 kg von 20 kg = __25__ %
75 m von 100 m = __75__ %
9 g von 10 g = __90__ %

3
2 % = 7 €/ G = __350__ €
5 % = 6 kg/ G = __120__ kg
10 % = 0,5 m/ G = __5__ m
25 % = 12 g/ G = __48__ g

8	J	10	D	90	I	48	R	350	G	9	O
75	S	120	N	5	E	125	T	25	E	7	A

Lösungswort der Aufgaben 1 bis 3: AUTODESIGNER

4 Fülle die Wertetabelle aus. Ergänze die Wertepaare.

$y = 3 \cdot x$ (2 | 6)   (4 | 12)   (5 | 15)   (9 | 27)

x	0	1	2	3	4	5	6	7	8	9
y	0	3	6	9	12	15	18	21	24	27

$y = 0,5x - 1$ (3 | 0,5)   (5 | 1,5)   (8 | 3)   (9 | 3,5)

x	0	1	2	3	4	5	6	7	8	9
y	−1	−0,5	0	0,5	1	1,5	2	2,5	3	3,5

5

$5a + 6a - 3b + b = 11a - 2b$

$x + 2y - 4x - 1 = -3x + 2y - 1$

$22c - d - 8d - c = 21c - 7d$

6

$5x \cdot 3x = 15x^2$

$1,5m \cdot 6n \cdot 1 = 9mn$

$(-25z) : 5z = -5$

4

5

Das Übungsheft Mathematik 8 – Lösungen (Seite 6–9)

So löst du die Klammern auf:
$+ (+) \to +$ $- (-) \to +$ $+ (-) \to -$ $- (+) \to -$

Das x nach links und die Zahlen nach rechts bringen!

1

$9y + (5 - 2y) = \underline{7y + 5}$

$13 - (2x + 4) = \underline{9 - 2x}$

$-(a + 9b) - 3a = \underline{-4a - 9b}$

2

$5 - 2m - (2m + 1) = \underline{4 - 4m}$

$8s + 7 - (-s - t) = \underline{9s + 7 + t}$

$-0{,}5k + (k - 1) = \underline{0{,}5k - 1}$

3

Bruch	$\frac{77}{100}$	$\frac{7}{100}$	$\frac{777}{100}$	$\frac{170}{100}$	$\frac{17}{100}$	$\frac{71}{100}$	$\frac{70}{100}$
Dezimalzahl	0,77	0,07	7,77	1,7	0,17	0,71	0,7
Prozentsatz	77 %	7 %	777 %	170 %	17 %	71 %	70 %

* Berechne den Prozentwert mit Formel oder Dreisatz.

4 3 % von 750 €

$W = \dfrac{p \cdot G}{100}$

$= \dfrac{3 \cdot 750\,€}{100}$

$= 22{,}50\,€$

5 12,5 % von 50 l

$W = \dfrac{p \cdot G}{100}$

$= \dfrac{12{,}5 \cdot 50\,l}{100}$

$= 6{,}25\,l$

6 Das Schaubild zeigt die Hinreise in den Urlaub von Familie Wegner.

Familie Wegner fuhr um __9__ Uhr los.

Zwischen __9__ Uhr und __10__ Uhr kam sie am langsamsten voran. Am schnellsten konnte sie von __10__ Uhr bis __12__ Uhr fahren. Um __12__ Uhr machte sie eine Pause. Insgesamt fuhr Familie Wegner __700__ km.

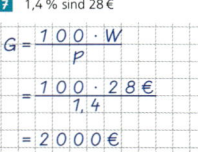

Löse die Gleichungen durch Umformen.

1

$5x - 1 = 34 \quad | +1$

$\underline{5x = 35} \quad | :5$

$x = \boxed{7}$

2

$26 + 4x = 42 \quad | -26$

$\underline{4x = 16} \quad | :4$

$x = \boxed{4}$

3

$6x + 5 = x + 20 \quad | -5$

$\underline{6x = x + 15} \quad | -x$

$\underline{5x = 15} \quad | :5$

$x = \boxed{3}$

4

$-8 + 4x = -8x + 10 \quad | +8$

$\underline{4x = -8x + 18} \quad | +8x$

$\underline{12x = 18} \quad | :12$

$x = \boxed{1{,}5}$

5 Welche Wertetabelle und welche Funktionsgleichung passt zum Schaubild? Kreuze an.

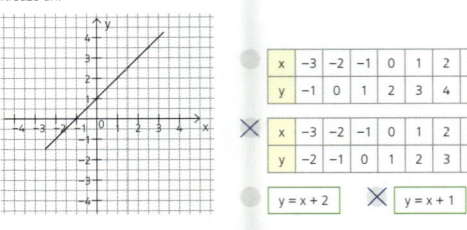

x	-3	-2	-1	0	1	2	3
y	-1	0	1	2	3	4	5

x	-3	-2	-1	0	1	2	3
y	-2	-1	0	1	2	3	4	✗

$y = x + 2$ ✗ $y = x + 1$

* Berechne den Prozentsatz mit Formel oder Dreisatz.

6 18 Tiere von 96 Tieren

$p = \dfrac{100 \cdot W}{G}$

$= \dfrac{100 \cdot 18}{96} = 18{,}75\,\%$

7 4,5 km von 15 km

$p = \dfrac{100 \cdot W}{G}$

$= \dfrac{100 \cdot 4{,}5\,km}{15\,km} = 30\,\%$

*Beispiellösung: Dargestellt ist der Lösungsweg mit Formel.

*Beispiellösung: Dargestellt ist der Lösungsweg mit Formel.

---

1 Schreibe jeweils die Funktionsgleichung auf.

Eine Eintrittskarte fürs Kino kostet 5 €. $\underline{y = 5 \cdot x}$

Eine DVD kostet 10 €. Der Versand beträgt 3 € pauschal. $\underline{y = 10 \cdot x + 3}$

Die Gebühr für einen Mietwagen setzt sich zusammen aus 40 € pro Tag und 0,70 € pro gefahrenen Kilometer. $\underline{y = 40 + 0{,}7 \cdot x}$

Fasse zusammen. Löse dann die Gleichungen.

2

$-5 + 24x - 7 = 20x - 3 - 8x$

$\underline{-12 + 24x = 12x - 3} \quad | +12$

$\underline{24x = 12x + 9} \quad | -12x$

$\underline{12x = 9} \quad | :12$

$x = \boxed{0{,}75}$

3

$30 + 2x + 4 = -4x + 13 - x$

$\underline{34 + 2x = -5x + 13} \quad | -34$

$\underline{2x = -5x - 21} \quad | +5x$

$\underline{7x = -21} \quad | :7$

$x = \boxed{-3}$

4

$9x + 4 - 3 = 8x + 0{,}5 + 2x$

$\underline{9x + 1 = 10x + 0{,}5} \quad | -1$

$\underline{9x = 10x - 0{,}5} \quad | -10x$

$\underline{-x = -0{,}5} \quad | :(-1)$

$x = \boxed{0{,}5}$

5

$-4 + 11x - 19 = 20x + 45 - 7x$

$\underline{-23 + 11x = 13x + 45} \quad | +23$

$\underline{11x = 13x + 68} \quad | -13x$

$\underline{-2x = 68} \quad | :(-2)$

$x = \boxed{-34}$

* Berechne den Grundwert mit Formel oder Dreisatz.

6 13 % sind 117 ml

$G = \dfrac{100 \cdot W}{p}$

$= \dfrac{100 \cdot 117\,ml}{13}$

$= 900\,ml$

7 1,4 % sind 28 €

$G = \dfrac{100 \cdot W}{p}$

$= \dfrac{100 \cdot 28\,€}{1{,}4}$

$= 2000\,€$

1 Löse die Klammern durch Ausmultiplizieren auf und fasse zusammen.

$7 \cdot (7x - 8y) = \underline{7 \cdot 7x - 7 \cdot 8y = 49x - 56y}$

$9 \cdot (9 - a + 3b) = \underline{9 \cdot 9 - 9 \cdot a + 9 \cdot 3b = 81 - 9a + 27b}$

$(y - 10z) \cdot 2y = \underline{y \cdot 2y - 10z \cdot 2y = 2y^2 - 20yz}$

$(15x - 3) \cdot (-10x) = \underline{15x \cdot (-10x) - 3 \cdot (-10x) = -150x^2 + 30x}$

2 Fülle jeweils zuerst die Wertetabelle aus. Zeichne dann das Schaubild.

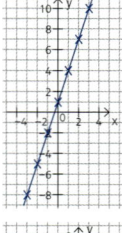

$y = 3x + 1$

x	-3	-2	-1	0	1	2	3
y	-8	-5	-2	1	4	7	10

$y = x - 4$

x	-3	-2	-1	0	1	2	3
y	-7	-6	-5	-4	-3	-2	-1

3 Berechne die fehlenden Größen.

G	60 €	1 800 t	70 km	2 500 l	38 g	3 400 m
W	72 €	54 t	69,3 km	1 100 l	5,7 g	8 500 m
p	120 %	3 %	99 %	44 %	15 %	250 %

*Beispiellösung: Dargestellt ist der Lösungsweg mit Formel.

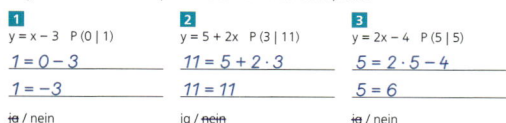

Liegt Punkt P (2|7) auf dem Graphen von y = 2x + 3?
Punktprobe: 7 = 2 · 2 + 3
7 = 7 → Punkt liegt auf dem Graphen

Liegt Punkt P auf dem Graphen? Berechne mit der Punktprobe.

1
y = x − 3   P (0 | 1)
$1 = 0 - 3$
$1 = -3$
~~ja~~ / *nein*

2
y = 5 + 2x   P (3 | 11)
$11 = 5 + 2 \cdot 3$
$11 = 11$
ja / ~~nein~~

3
y = 2x − 4   P (5 | 5)
$5 = 2 \cdot 5 - 4$
$5 = 6$
~~ja~~ / *nein*

* 4 Berechne mit Formel oder Dreisatz.

Kinder und Jugendliche im Alter zwischen 12 und 19 Jahren sind einer Studie zufolge täglich 216 Minuten online. Wie viel Prozent des Tages verbringen Kinder und Jugendliche demnach im Internet?

$$p = \frac{100 \cdot W}{G}$$

$$p = \frac{100 \cdot 216 \text{ min}}{1440 \text{ min}} = 15\%$$

A: *Kinder und Jugendliche verbringen 15 % des Tages*
im Internet.

5 Löse die Klammern auf und fasse zusammen.

$(81x^2 + 18x) : 9x = $ *81x² : 9x + 18x : 9x = 9x + 2*
$(5a + 10b − 8c) : 0,5 = $ *10a + 20b − 16c*
$(120 + 99s − 9t + 33u) : 3 = $ *40 + 33s − 3t + 11u*
$6 \cdot (5x − 3y + 2) + (8y − 4y − 2) : 2 = $ *30x − 18y + 12 + 4y − 2y − 1*
$= $ *30x − 16y + 11*
$(77x − 55y − 66 + 88) : (−1) = $ *−77x + 55y − 22*

Hier wurde ausgeklammert. Ergänze die Lücken.

1
$10x + 25 = 5 \cdot ($ *2x* $+$ *5* $)$
$3 − 9y = 3 \cdot ($ *1* $−$ *3y* $)$

2
$11x + 13xy = x \cdot ($ *11* $+$ *13y* $)$
$8a + 8b = 8 \cdot ($ *a* $+$ *b* $)$

* 3 Berechne mit Formel oder Dreisatz.

Marie hatte ihr Smartphone am Samstag insgesamt 4,5 h in Betrieb. Wie viele Minuten hat sie jeweils mit den verschiedenen Tätigkeiten verbracht?

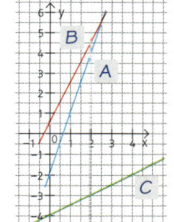

Spiele spielen: 10 %
Videos anschauen: 25 %
Onlineshoppen: 5 %
Soziale Netzwerke: 60 %

$$W = \frac{60 \cdot 270 \text{ min}}{100}$$
$$W = \frac{25 \cdot 270 \text{ min}}{100}$$
$$W = 162 \text{ min}$$
$$W = 67,5 \text{ min}$$

$$W = \frac{10 \cdot 270 \text{ min}}{100}$$
$$W = \frac{5 \cdot 270 \text{ min}}{100}$$
$$W = 27 \text{ min}$$
$$W = 13,5 \text{ min}$$

Soziale Netzwerke: _____ 162 min   Videos anschauen: _____ 67,5 min
Spiele spielen: _____ 27 min   Onlineshoppen: _____ 13,5 min

4 Welche Funktionsgleichung gehört zu welchem Graphen?

A y = 3x − 2
B y = 2x + 0,5
C y = 0,5x − 4

---

* 1 Berechne mit Formel oder Dreisatz.

22 % aller befragten Jugendlichen gab an, im Schnitt zwei Stunden oder mehr mit Computer- oder Videospielen zu verbringen. Das waren 2 244 Jugendliche. Wie viele Jugendliche wurden befragt?

$$G = \frac{100 \cdot W}{P}$$
$$= \frac{100 \cdot 2244}{22} = 10200$$

A: *Es wurden 10 200 Jugendliche befragt.*

Klammere einen möglichst großen Faktor aus.

2
$18x + 81y = $ *9 · (2x + 9y)*
$100ab − 10a = $ *10a · (10b − 1)*
$x + 5xy = $ *x · (1 + 5y)*
$14a + 70b = $ *7 · (2a + 10b)*

3
$99 − 88s = $ *11 · (9 − 8s)*
$24x^2 + 36xy = $ *12x · (2x + 3y)*
$30mn − 75mno = $ *15mn · (2 − 5o)*
$4x^2 − 12x = $ *4x · (x − 3)*

4
488 + 532 = **1020**
129 + 244 = **373**
96 + 211 = **307**
Summe: **1700**

5
1000 − 66 = **934**
1000 − 543 = **457**
2000 − 1891 = **109**
Summe: **1500**

6
2535 − 1605 = **930**
1322 − 730 = **592**
287 + 91 = **378**
Summe: **1900**

| 1500 | 1700 | 1900 |

7
0,5 →(· 50)→ 25 →(+ 215)→ 240 →(: 8)→ 30 →(− 66)→ −36

Rätselseite

A	C	D	E	I	M	N	O	P	R	T	U	W	Z
−56	−24	−10	0,5	1,5	2	6	9	14	20	28	33	44	60

96,8 vor 220 → p =	44	W	
5 · (−18) + 34 =	−56	A	
$\frac{1}{5}$ in % =	20	R	
−12,5x = −25 → x =	2	M	
9 % = 2,97 → G =	33	U	
5x − $\frac{3}{2}$x = 49 → x =	14	P	
−84 : (−6) =	14	P	
15x = 7,5 → x =	0,5	E	
2 % von 1 000 =	20	R	
(−216) : 9 =	−24	C	
−3x + 4x = 9 → x =	9	O	

(−10,5) · 4 + 44 =	2	M
0,33 von 66 → p =	0,5	E
−6x + 2 = 62; x =	−10	D
66x = 99 → x =	1,5	I
510 − 260 − 306 =	−56	A
1,92 von 32 → p =	6	N
(−2420) : (−55) =	44	W
100x − 88x = 18; x =	1,5	I
64 % = 17,92 → G =	28	T
(−32) · 2,5 + 140 =	60	Z
25 % von 2 =	0,5	E

Ein/eine **W A R M - U P P E R** /in ist ein **C O M E D I A N**, der/die **W I T Z E** erzählt, um das Publikum vor einer Sendung in Stimmung zu bringen.

Das Übungsheft Mathematik 8 – Lösungen (Seite 14–17)

Mathe-fit-Test 1

1 Schreibe als Term. Denke an die Klammer.

Der Quotient aus 5 und 2y wird zum Doppelten einer Zahl addiert: $2x + 5 : 2y$

Subtrahiere die Summe von 10 und 5x von dem Produkt aus 4 und y: $4y - (10 + 5x)$

Die Differenz aus einer Zahl und deren Nachfolger, mit 5 multipliziert: $(x - x + 1) \cdot 5$

Löse die Klammern auf und fasse zusammen.

2

$-3a - (5 - b) = -3a - 5 + b$

$-(x + 4y) - 3y = -x - 7y$

$8 + 4c - (9 - 9c) = -1 + 13c$

3

$4 \cdot (-6a + 5) = -24a + 20$

$2x \cdot (x - 9) = 2x^2 - 18x$

$(22g - 11h) : (-2) = -11g + 5{,}5h$

Klammere einen möglichst großen Faktor aus.

4

$30s - 6st = 6s(5 - t)$

$9x^2 + 27xy^2 = 9x(x + 3y^2)$

5

$ef - 5f = f(e - 5)$

$10vw^2 + 10v^2w^2 = 10vw^2(1 + v)$

6 Berechne die fehlenden Größen.

G	25 €	450 g	39 m	3050 l	500 €	4 km
W	1,50 €	9 g	3,705 m	213,5 l	95 €	0,02 km
p	6 %	2 %	9,5 %	7 %	19 %	0,5 %

7

$\begin{aligned} 12x - 9 &= -3 \quad | +9 \\ 12x &= 6 \quad | :12 \\ x &= 0{,}5 \end{aligned}$

8

$\begin{aligned} 15 + 3x &= 405 \quad | -15 \\ 3x &= 390 \quad | :3 \\ x &= 130 \end{aligned}$

9 Das Schaubild zeigt die Anzahl der Besucher eines Einkaufszentrums zu unterschiedlichen Zeiten.

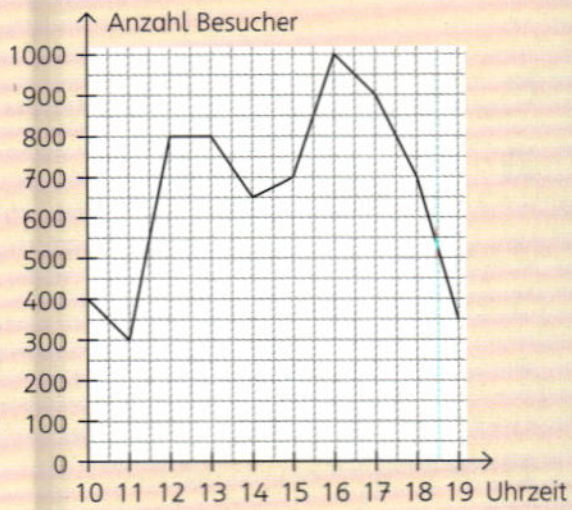

Um 13 Uhr waren __800__ Besucher in dem Einkaufszentrum. Am meisten Besucher gab es um __16__ Uhr, am wenigsten Besucher gab es um __11__ Uhr. Den größten Anstieg an Besuchern innerhalb einer Stunde gab es zwischen __11__ Uhr und __12__ Uhr.

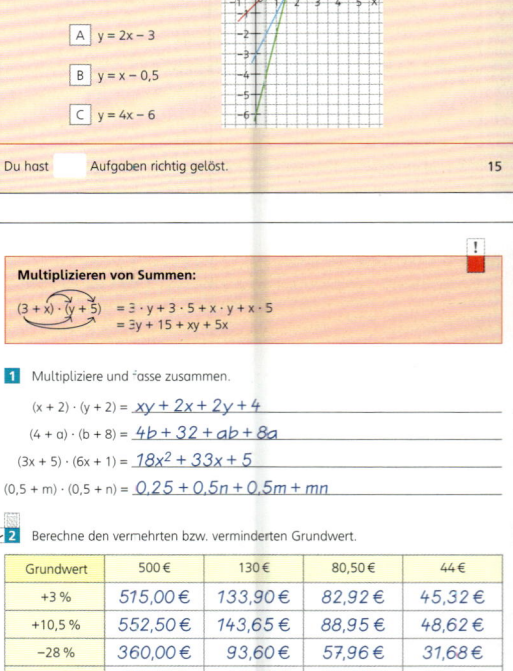

Liegt Punkt P auf dem Graphen? Berechne mit der Punktprobe.

10
$y = 9 + 4x \quad P(2 \mid 17)$
$17 = 9 + 4 \cdot 2$
$17 = 17$
ja / ~~nein~~

11
$y = 8x - 11 \quad P(-2 \mid -26)$
$-26 = 8 \cdot (-2) - 11$
$-26 = -27$
~~ja~~ / nein

12
$y = 6 - 2x \quad P(7 \mid -8)$
$-8 = 6 - 2 \cdot 7$
$-8 = -8$
ja / ~~nein~~

13 Welche Funktionsgleichung gehört zu welchem Graphen?

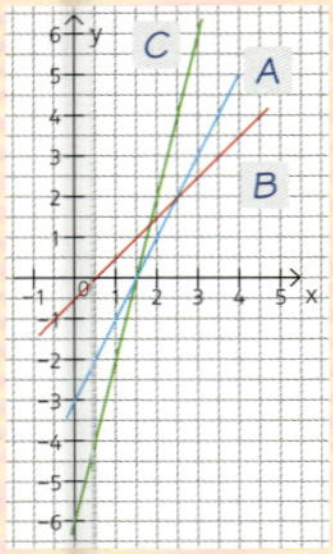

A $\quad y = 2x - 3$

B $\quad y = x - 0{,}5$

C $\quad y = 4x - 6$

14

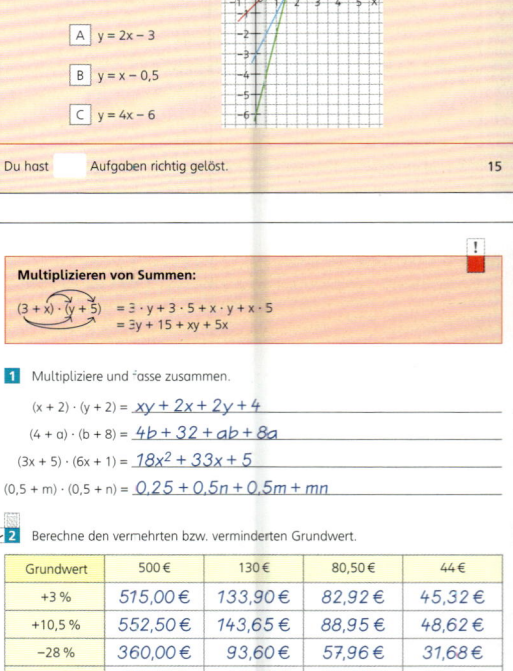

Du hast ____ Aufgaben richtig gelöst.

15

> **!** Eine **proportionale Funktion** ist eine Funktion mit der Gleichung **y = m · x**. Ihre Gerade verläuft durch den Koordinatenursprung.

1 Kreuze alle proportionalen Funktionen an.

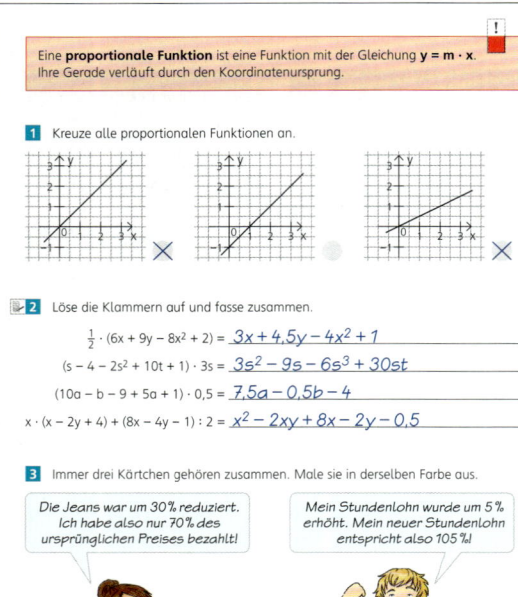

2 Löse die Klammern auf und fasse zusammen.

$\frac{1}{2} \cdot (6x + 9y - 8x^2 + 2) = 3x + 4{,}5y - 4x^2 + 1$

$(s - 4 - 2s^2 + 10t + 1) \cdot 3s = 3s^2 - 9s - 6s^3 + 30st$

$(10a - b - 9 + 5a + 1) \cdot 0{,}5 = 7{,}5a - 0{,}5b - 4$

$x \cdot (x - 2y + 4) + (8x - 4y - 1) : 2 = x^2 - 2xy + 8x - 2y - 0{,}5$

3 Immer drei Kärtchen gehören zusammen. Male sie in derselben Farbe aus.

> Die Jeans war um 30 % reduziert. Ich habe also nur 70 % des ursprünglichen Preises bezahlt!

> Mein Stundenlohn wurde um 5 % erhöht. Mein neuer Stundenlohn entspricht also 105 %!

| um 5 % vermehrt | · 0,7 | 70 % | 105 % | um 30 % vermindert | · 1,05 |

16

> **!** **Multiplizieren von Summen:**
> $(3 + x) \cdot (y + 5) = 3 \cdot y + 3 \cdot 5 + x \cdot y + x \cdot 5$
> $= 3y + 15 + xy + 5x$

1 Multipliziere und fasse zusammen.

$(x + 2) \cdot (y + 2) = xy + 2x + 2y + 4$

$(4 + a) \cdot (b + 8) = 4b + 32 + ab + 8a$

$(3x + 5) \cdot (6x + 1) = 18x^2 + 33x + 5$

$(0{,}5 + m) \cdot (0{,}5 + n) = 0{,}25 + 0{,}5n + 0{,}5m + mn$

2 Berechne den vermehrten bzw. verminderten Grundwert.

Grundwert	500 €	130 €	80,50 €	44 €
+3 %	515,00 €	133,90 €	82,92 €	45,32 €
+10,5 %	552,50 €	143,65 €	88,95 €	48,62 €
−28 %	360,00 €	93,60 €	57,96 €	31,68 €
−64 %	180,00 €	46,80 €	28,98 €	15,84 €

m = Steigung der Geraden
m = 3 → 1 Einheit nach rechts, 3 Einheiten nach oben
m = −2 → 1 Einheit nach rechts, 2 Einheiten nach unten

3 Zeichne das Steigungsdreieck ein. Bestimme die Steigung m der Geraden.

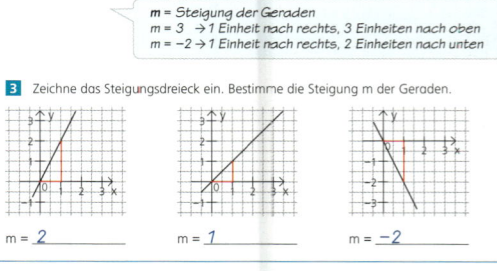

m = 2 $\qquad$ m = 1 $\qquad$ m = −2

17

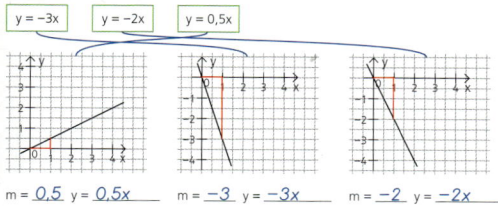
Das Malzeichen kann man auch weglassen:
(x + 2) (4 + y) = (x + 2) · (4 + y)

1 Multipliziere und fasse zusammen.

$(x + 2)(4 + y) = \underline{x \cdot 4 + x \cdot y + 2 \cdot 4 + 2 \cdot y = 4x + xy + 8 + 2y}$

$(3 + s)(s + 3) = \underline{3 \cdot s + 3 \cdot 3 + s \cdot s + s \cdot 3 = 6s + 9 + s^2}$

$(5a + 2b)(a + b) = \underline{5a \cdot a + 5a \cdot b + 2b \cdot a + 2b \cdot b = 5a^2 + 7ab + 2b^2}$

$(0 + x)(3x + 1) = \underline{0 \cdot 3x + 0 \cdot 1 + x \cdot 3x + x \cdot 1 = 3x^2 + x}$

2 Zeichne das Steigungsdreieck ein und bestimme die Steigung m der Geraden. Ordne dann den Schaubildern die richtige Funktionsgleichung zu.

 y = −3x   y = −2x   y = 0,5x

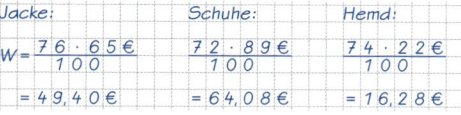

m = $\underline{0,5}$ y = $\underline{0,5x}$ m = $\underline{-3}$ y = $\underline{-3x}$ m = $\underline{-2}$ y = $\underline{-2x}$

3 Berechne die neuen Preise.

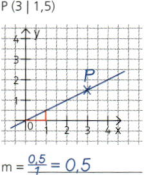 65 €   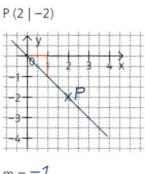 89 €   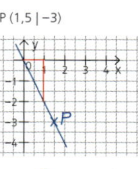 22 €

Rabattaktion!
24 % auf alle Jacken
26 % auf alle Hemden
28 % auf alle Schuhe

Jacke: Schuhe: Hemd:

$W = \dfrac{76 \cdot 65 \, €}{100}$ $\dfrac{72 \cdot 89 \, €}{100}$ $\dfrac{74 \cdot 22 \, €}{100}$

$= 49,40 \, €$ $= 64,08 \, €$ $= 16,28 \, €$

---

1 Um wie viel Prozent wurde der Preis jeweils erhöht?

Alter Preis	80 €	144 €	320 €	404 €
Neuer Preis	84,80 €	165,60 €	588,80 €	521,16 €
Erhöhung in %	6 %	15 %	84 %	29 %

2 Fülle die Lücken aus.   **3** Fülle die Lücken aus.

$(7 + \underline{a})(b + 4) = 7b - 28 + ab + \underline{4a}$ $(\underline{1} + \underline{e})(f + 9) = f + 9 + ef + 9e$

$(2x + 5)(\underline{2} + x) = 4x + 2x^2 + 10 + \underline{5x}$ $(s + 2t)(t + \underline{2s}) = \underline{st} + 2s^2 + 2t^2 + 4st$

$(4m + 1)(\underline{n} + \underline{2m}) = 4mn + 8m^2 + n + 2m$ $(3a + 3)(a + \underline{b}) = 3a^2 + \underline{3ab} + 3a + 3b$

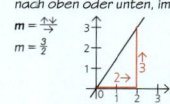
Tipp zum Ablesen der Steigung:
1. Markiere zwei Punkte auf der Geraden, die gut ablesbar sind.
2. Zeichne das Steigungsdreieck ein.
3. Schreibe die Steigung m als Bruch: Im Zähler die Einheiten nach oben oder unten, im Nenner die Einheiten nach rechts:
$m = \dfrac{\uparrow \downarrow}{\rightarrow}$
$m = \dfrac{3}{2}$
Steigungen nach unten sind negativ!
4. Vereinfache den Bruch, wenn möglich: $m = \dfrac{3}{2} = 1,5$

4 Gib zuerst die Steigung und dann die Funktionsgleichung an.

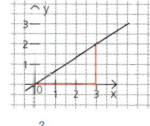   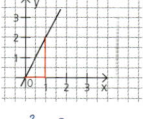   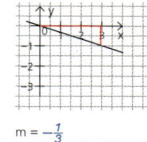

m = $\dfrac{2}{3}$ m = $\dfrac{2}{1}$ = 2   m = $-\dfrac{1}{3}$

y = $\dfrac{2}{3}x$ y = $\dfrac{2}{1}x = 2x$ y = $-\dfrac{1}{3}x$

---

1 Zeichne den Graphen der proportionalen Funktion durch den Punkt P. Gib die Steigung und die Funktionsgleichung an.

P (3 | 1,5)   P (2 | −2)   P (1,5 | −3)

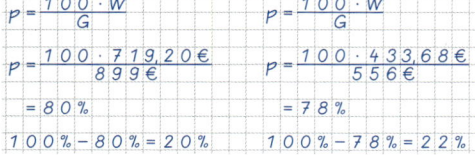

m = $\dfrac{0,5}{1}$ = 0,5   m = -1 m = -2

y = $0,5x$ y = $-x$ y = $-2x$

2 Um wie viel Prozent wurden die Smartphones jeweils reduziert?

Smartphone 899,− € 712,20 €   Smartphone 556,− € 433,68 €

$P = \dfrac{100 \cdot W}{G}$ $P = \dfrac{100 \cdot W}{G}$

$P = \dfrac{100 \cdot 719,20 \, €}{899 \, €}$ $P = \dfrac{100 \cdot 433,68 \, €}{556 \, €}$

$= 80 \%$ $= 78 \%$

$100 \% - 80 \% = 20 \%$ $100 \% - 78 \% = 22 \%$

Terme mit **Minuszeichen**: $(x − 2)(x + 4)$
$= x \cdot x + x \cdot 4 − 2 \cdot x − 2 \cdot 4$
$= x^2 + 4x − 2x − 8$
$= x^2 + 2x − 8$

3 Multipliziere und fasse zusammen.

$(a − 3)(b + 2) = \underline{a \cdot b + a \cdot 2 − 3 \cdot b − 3 \cdot 2 = ab + 2a − 3b − 6}$

$(x − 1)(5 − y) = \underline{x \cdot 5 − x \cdot y − 1 \cdot 5 + 1 \cdot y = 5x − xy − 5 + y}$

$(x + 6)(y − 3) = \underline{x \cdot y − x \cdot 3 + 6 \cdot y − 6 \cdot 3 = xy − 3x + 6y − 18}$

$(n − 2)(2 − n) = \underline{n \cdot 2 − n \cdot n − 2 \cdot 2 + 2 \cdot n = 2n − n^2 − 4 + 2n = 4n − n^2 − 4}$

---

1 Schreibe die Funktionsgleichung der jeweiligen Geraden auf.

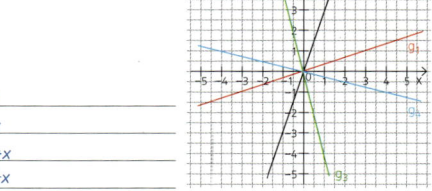

g_1 y = $\dfrac{1}{3}x$

g_2 y = $3x$

g_3 y = $-4x$

g_4 y = $-\dfrac{1}{4}x$

2 Löse die Klammern auf und vereinfache.

$(5a − 3b)(1 + 2b) = \underline{5a + 10ab − 3b − 6b^2}$

$(a − 2)(2c − 2b) = \underline{2a^2 − 2ab − 4a + 4b}$

$(2x − 3y)(y − 2) − (1 + x^2) = \underline{4xy − 8x + 3y^2 − 6y − 1 − x^2}$

$(s + 8t)(t^2 − 4s) − 5(s + t) = \underline{st^2 − 4s^2 + 8t^3 − 32st − 5s − 5t}$

3 Wie war der Stundenlohn vor der Lohnerhöhung?

Alter Stundenlohn	18,00 €	16,00 €	22,50 €	11,00 €
Lohnerhöhung	5 %	3 %	4 %	8 %
Neuer Stundenlohn	18,90 €	16,48 €	23,40 €	11,88 €

4 Wie hoch sind die Preise ohne die Mehrwertsteuer von 19 %?

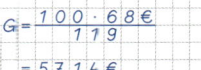 68 €    34 €

Handtasche: Rucksack:

$G = \dfrac{100 \cdot 68 \, €}{119}$ $G = \dfrac{100 \cdot 34 \, €}{119}$

$= 57,14 \, €$ $= 28,57 \, €$

Das Übungsheft Mathematik 8 – Lösungen (Seite 22–25)

1 Fülle die Tabelle aus.

Alter Preis	38,50 €	*550 €*	83,50 €	140 €
vermindert/vermehrt um	+12%	+22 %	*−20%*	−34 %
Neuer Preis	43,12 €	671 €	66,80 €	*92,40 €*

2 Löse die Klammern auf und vereinfache.

$8(a + 2b) + (5a − 3)(1 + 4b) =$ *13a + 4b + 20ab − 3*

$(−3d − 2e)(1 − 5e) + (6 − 3e) \cdot 4 =$ *−3d + 15de − 14e + 10e² + 24*

$4x(x − 2) + (x + 6y)(4 − 6x) =$ *−2x² − 4x + 24y − 36xy*

$(x − 1)(x − 5) + (5x + 3) \cdot x =$ *6x² − 3x + 5*

3 Zahlen, die nebeneinander liegen, werden addiert.

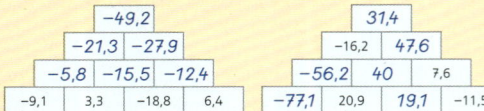

	−49,2					**31,4**	
	−21,3	**−27,9**			**−16,2**	**47,6**	
	−5,8	**−15,5**	**−12,4**		**−56,2**	**40**	**7,6**
−9,1	**3,3**	**−18,8**	**6,4**	**−77,1**	**20,9**	**19,1**	**−11,5**

4

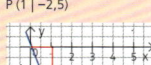

·	0,15	1,1	0,9	4
0,8	0,12	0,88	0,72	3,2
1,5	0,225	1,65	1,35	6
0,2	0,03	0,22	0,18	0,8
Summe der Ergebnisse	0,375	2,75	2,25	10

Summe der Ergebnisse: 10 2,25 2,75 0,375

22

B	E	G	H	L	M	N	O	S	U
0	7	16	45	99	130	202	414	760	1 000

$5x − 10 + 9 = −1 \rightarrow x =$	0	B	$(−18) − (−17) + 1 =$	0	B
$400 + 3,5\% =$	414	O	147 von $2100 \rightarrow p =$	7	E
$(−7) \cdot (−8) + 74 =$	130	M	$5000 : 200 + 177 =$	202	N
$1200 : 5 − 240 =$	0	B	$11\% = 83,6 \rightarrow G =$	760	S
$828 €$ von $200 € \rightarrow p =$	414	C	$x : 9 = 5 \rightarrow x =$	45	H
$8x = 792 \rightarrow x =$	99	L	$0,5\% = 5 \rightarrow G =$	1000	U
$26 \cdot (−3) + 492 =$	414	O	$x \cdot 0,7 = 91 \rightarrow x =$	130	M
4% von $400 =$	16	G	$(−16) : (−4) \cdot 32 + 2 =$	130	M
$\frac{x}{9} = 1 \rightarrow x =$	7	E	$(−2x)(−3) = 42 \rightarrow x =$	7	E
$213 − 102 − 12 =$	99	L	$49,5 : 0,5 =$	99	L
$5x \cdot (−2) = −70 \rightarrow x =$	7	E	$10,1 \cdot 20 =$	202	N

Ein/eine B O M B O L O G E /in beobachtet und untersucht das Verhalten,
die Fortpflanzung und die L E B E N S weise von H U M M E L N .

23

---

1 Zeichne den Graphen der proportionalen Funktion durch den Punkt P. Gib die Steigung und die Funktionsgleichung an.

P (5 | −3)   P (1 | −2,5)   P (2,5 | 3)

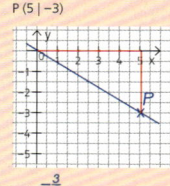

$m = −\frac{3}{5}$ $m = −2,5$ $m = \frac{3}{2,5} = 1,2$

$y = −\frac{3}{5}x$ $y = −2,5x$ $y = 1,2x$

2 Schreibe die Funktionsgleichung der jeweiligen Geraden auf.

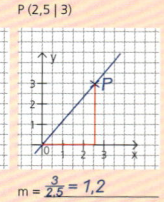

$g_1: y = −\frac{2}{5}x = −0,4x$

$g_2: y = 2x$

$g_3: y = \frac{3}{5}x = 0,6x$

$g_4: y = −3x$

3 Male die zusammengehörenden Kärtchen in derselben Farbe aus.

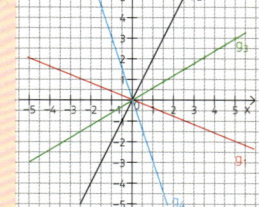

um 19 % vermehrt	um 81 % vermindert

19 %	·1,19	·0,19	119 %

24

4 Multipliziere und fasse zusammen.

$(4 + x)(5 + y) =$ *4·5 + 4·y + x·5 + x·y = 20 + 4y + 5x + xy*

$(a + b)(b − 2) =$ *a·b − a·2 + b·b − b·2 = ab − 2a + b² − 2b*

$(n − 8)(8 − n) =$ *n·8 − n·n − 8·8 + 8·n = 16n − n² − 64*

5 Löse die Klammern auf und vereinfache.

$(7x + 8y)(1 + 6x) − 9y =$ *7x + 42x² − y + 48xy*

$(3a + 2b)(b − 3) − (a² + 1) =$ *3ab − 9a + 2b² − 6b − a² − 1*

$(x + 9y)(y² − 5x) − 3(x − y) =$ *xy² − 5x² + 9y³ − 45xy − 3x + 3y*

6 Fülle die Tabelle aus.

Alter Preis	*268 €*	47,00 €	892	17,20 €
vermindert/vermehrt um	−67 %	*+16%*	−22 %	*−40%*
Neuer Preis	88,44 €	54,52 €	*695,76 €*	10,32 €

7 Clara hat im Schlussverkauf ein Sweatshirt für 30,42 € und einen Gürtel für 14,82 € gekauft. „Beides war um 22 % reduziert!" Was haben die beiden Waren regulär gekostet?

Sweatshirt:

$$G = \frac{100 \cdot 30,42 €}{78}$$

$$= 39,00 €$$

Gürtel:

$$G = \frac{100 \cdot 14,82 €}{78}$$

$$= 19,00 €$$

8 Noah hat eine Jeans entdeckt, die von 45 € auf 29,25 € reduziert ist. Wie viel Prozent kann er sparen?

$$P = \frac{100 \cdot 29,25 €}{45 €} = 65 \%$$

$$100 \% − 65 \% = 35 \%$$

Du hast ___ Aufgaben richtig gelöst.

25

> **!**
> Eine **lineare Funktion** ist eine Funktion mit der Gleichung $y = m \cdot x + c$.
> c bezeichnet den y-Achsenabschnitt der Geraden.

1 Zeichne das Steigungsdreieck ein und markiere c. Bestimme dann den y-Achsenabschnitt c und die Steigung m.

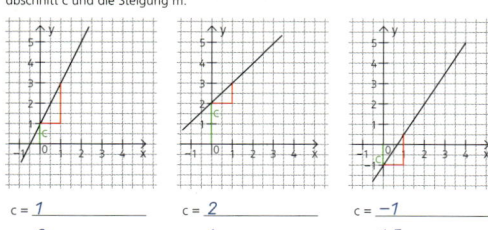

c = _1_   c = _2_   c = _−1_

m = _2_   m = _1_   m = _1,5_

2 Löse die Klammern auf und vereinfache.

$(0,5a + 3,5b)(7a + 1) + 11a =$ _$3,5a^2 + 11,5a + 24,5ab + 3,5b$_

$(4s - t)(s - 4) - (s^2 + 1,5) =$ _$3s^2 - 16s - st + 4t - 1,5$_

$(9x + 9y)(x^2 - 3y) - 5(2x - y) =$ _$9x^3 - 27xy + 9x^2y - 27y^2 - 10x + 5y$_

3 Unterstreiche: Kapital (K) = <u>blau</u>, Zinsen (Z) = <u>rot</u>, Zinssatz (p) = <u>grün</u>

1. Für den Kauf einer Wohnung leiht sich Herr Kühn <u>90 000 €</u> von der Bank. Bei einem Zinssatz von <u>2,1 %</u> bezahlt er <u>1 890 €</u> Zinsen in einem Jahr.
2. Bei einem Zinssatz von <u>1,4 %</u> erhält Sandra für ihre Wertpapiere in Höhe von <u>3 000 €</u> in diesem Jahr <u>42 €</u> Zinsen.
3. Frau Liebe zahlt im Monat <u>348,33 €</u> Zinsen. Sie hat sich eine Wohnung im Wert von <u>220 000 €</u> gekauft und bei der Bank einen Kredit (<u>1,9 %</u>) erhalten.

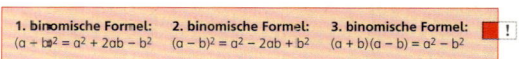

> **!**
> **1. binomische Formel:**   **2. binomische Formel:**   **3. binomische Formel:**
> $(a + b)^2 = a^2 + 2ab - b^2$ $(a - b)^2 = a^2 - 2ab + b^2$ $(a + b)(a - b) = a^2 - b^2$

1 Immer 3 Kärtchen gehören zusammen. Male sie in derselben Farbe aus.

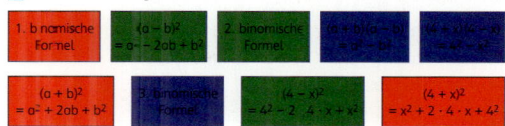

2 Wende die 1. binomische Formel an.

$(x + 3)^2 =$ _$x^2 + 2 \cdot x \cdot 3 + 3^2 = x^2 + 6x + 9$_

$(5 + m)^2 =$ _$5^2 + 2 \cdot 5 \cdot m + m^2 = 25 + 10m + m^2$_

$(2a + b)^2 =$ _$(2a)^2 - 2 \cdot 2a \cdot b + b^2 = 4a^2 + 4ab + b^2$_

$(3x + 4y)^2 =$ _$(3x)^2 + 2 \cdot 3 \cdot x \cdot 4 \cdot y + (4y)^2 = 9x^2 + 24xy + 16y^2$_

3 Bestimme den y-Achsenabschnitt c und die Steigung m. Ordne dann den Schaubildern die richtige Funktionsgleichung zu.

| $y = -x + 3$ | $y = 3x - 2$ | $y = \frac{1}{2}x + 1$ |

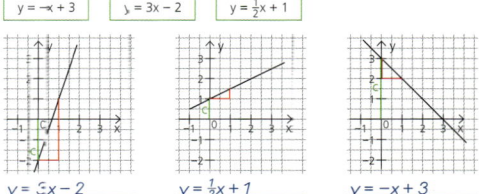

$y = 3x - 2$ $y = \frac{1}{2}x + 1$ $y = -x + 3$

> **!**
> In der **Zinsrechnung** kannst du sowohl mit der **Formel** als auch mit dem **Dreisatz** rechnen:
> $Z = \frac{K \cdot p}{100}$
> $Z = \frac{2000 € \cdot 2 \%}{100}$
> $Z = 40 €$
> Wenn nicht anders angegeben, werden die Zinsen immer auf **ein Jahr** berechnet.

Anteil in %	Betrag in €
100	2000
1	20
2	40

(: 100, : 100, · 2, · 2)

*1 Berechne die Jahreszinsen mit Formel oder Dreisatz.

| Kapital: 9 000 € |
| Zinssatz: 3,5 % |

$Z = \frac{K \cdot p}{100} = \frac{9000 € \cdot 3,5}{100} = 315 €$

2 Wende die 2. binomische Formel an.

$(x - 5)^2 =$ _$x^2 - 2 \cdot x \cdot 5 + 5^2 = x^2 - 10x + 25$_

$(8 - n)^2 =$ _$8^2 - 2 \cdot 8 \cdot n + n^2 = 64 - 16n + n^2$_

$(s - 3t)^2 =$ _$s^2 - 2 \cdot s \cdot 3t + (3t)^2 = s^2 - 6st + 9t^2$_

3 Gib zuerst den y-Achsenabschnitt c und die Steigung m an. Zeichne die Geraden dann in das Koordinatensystem. Markiere hierfür den y-Achsenabschnitt c und zeichne ein Steigungsdreieck ein.

| $y = 2,5x + 1$ | $y = x - 3$ | $y = -2x + 2$ |

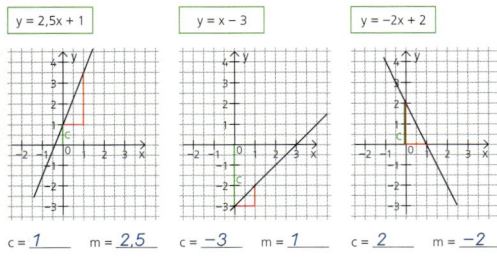

c = _1_   m = _2,5_   c = _−3_   m = _1_   c = _2_   m = _−2_

*Beispiellösung: Dargestellt ist der Lösungsweg mit Formel.

---

1 Bestimme zuerst den y-Achsenabschnitt c und die Steigung m. Gib dann die Gleichung der linearen Funktion an.

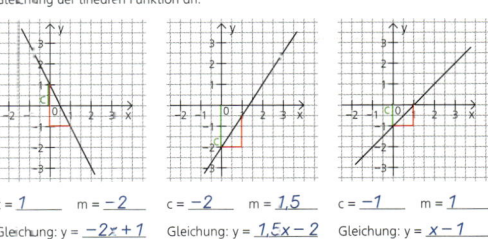

c = _1_   m = _−2_   c = _−2_   m = _1,5_   c = _−1_   m = _1_

Gleichung: y = _$-2x + 1$_   Gleichung: y = _$1,5x - 2$_   Gleichung: y = _$x - 1$_

2 Wende die 3. binomische Formel an.

$(a + 3)(a - 3) =$ _$a^2 - 3^2 = a^2 - 9$_

$(6 + x)(6 - x) =$ _$6^2 - x^2 = 36 - x^2$_

$(s + 2t)(s - 2t) =$ _$s^2 - (2t)^2 = s^2 - 4t^2$_

3 Wende jeweils eine der drei binomischen Formeln an.

$(5 - e)(5 - e) =$ _$5^2 - e^2 = 25 - e^2$_

$(x + 3y)^2 =$ _$x^2 + 2 \cdot x \cdot 3y + (3y)^2 = x^2 + 6xy + 9y^2$_

$(2s - t)^2 =$ _$(2s)^2 - 2 \cdot 2s \cdot t + t^2 = 4s^2 - 4st + t^2$_

*4 Berechne den Zinssatz mit Formel oder Dreisatz.

| Kapital: 45 000 € |
| Zinsen: 1 125 € |

$Z = \frac{K \cdot p}{100}$

$p = \frac{Z \cdot 100}{K}$

$p = \frac{1125 € \cdot 100}{45000 €} = 2,5 \%$

Das Übungsheft Mathematik 8 – Lösungen (Seite 30–33)

y-Achsenabschnitt c bedeutet:
Der Graph schneidet die y-Achse in Punkt P (0 | c).

1 Welche Gerade gehört zu welcher Gleichung?

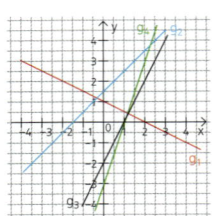

$y = -\frac{1}{2}x + 1$: __g_1__

$y = 2x - 2$: __g_3__

$y = x + 1,5$: __g_2__

$y = 3x - 3$: __g_4__

2 Berechne das Kapital mit Formel oder Dreisatz.

Zinsen: 87 €
Zinssatz: 2,9 %

$Z = \dfrac{K \cdot p}{100}$

$K = \dfrac{Z \cdot 100}{p} = \dfrac{87 € \cdot 100}{2,9}$

$= 3000 €$

Zinsen: 3840 €
Zinssatz: 6,4 %

$K = \dfrac{Z \cdot 100}{p} = \dfrac{3840 € \cdot 100}{6,4}$

$= 60000 €$

3 Löse die Klammern auf und vereinfache.

$(x + 3)(x - 3) + (2x + y)^2 = $ __$5x^2 - 9 + 4xy + y^2$__

$(4 - x)^2 - (5x + 3y) = $ __$16 - 13x + x^2 - 3y$__

$(5s + t)^2 + (8s - t) \cdot 3 = $ __$25s^2 + 10st + t^2 + 24s - 3t$__

Faktorisieren (Umwandeln von Summen in Produkte):

Bei geeigneten Produkttermen kann man die binomischen Formeln „rückwärts" anwenden.

$a^2 + 6a + 9$
$= a^2 + 2 \cdot a \cdot 3 + 3^2$
$= (a + 3)^2$

$x^2 - 10xy + 25$
$= x^2 - 2 \cdot x \cdot 5 + 5^2$
$= (x - 5)^2$

$y^2 - 16$
$= y^2 - 4^2$
$= (y + 4)(y - 4)$

1 Fülle die Lücken aus.

$x^2 + 10x + 25 = x^2 + 2 \cdot \underline{5} \cdot x + 5^2 = (x + \underline{5})^2$

$x^2 - 18x + 81 = \underline{x^2} - 2 \cdot \underline{9} \cdot x + \underline{9^2} = (x - \underline{9})^2$

$64 - y^2 = \underline{8}^2 - y^2 = (\underline{8} + y)(\underline{8} - y)$

2 Clara legt 1 300 € zu einem Zinssatz von 0,9 % an. Wie hoch sind die Zinsen nach einem Jahr?

$Z = \dfrac{K \cdot p}{100}$

$Z = \dfrac{1300 € \cdot 0,9}{100}$

$Z = 11,70 €$

3 Marlene erhält für 2 200 € nach einem Jahr 24,20 € Zinsen. Zu welchem Zinssatz hat sie ihr Geld angelegt?

$Z = \dfrac{K \cdot p}{100}$

$p = \dfrac{Z \cdot 100}{K}$

$p = \dfrac{24,20 € \cdot 100}{2200 €}$

$p = 1,1 \%$

$m_1 = m_2$: Geraden verlaufen **parallel** zueinander
$m_1 \cdot m_2 = -1$: Geraden verlaufen **senkrecht** zueinander

4 Immer zwei Geraden verlaufen parallel zueinander. Male die Kärtchen in derselben Farbe aus.

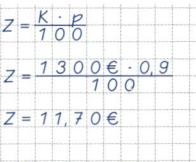
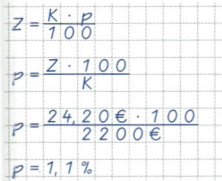

y = −2x + 2   y = x − 3   y = −3x + 3   y = x + 2

y = −3x − 3   y = −½x + 2   y = −2x + 3   y = −½x + 1

Verlaufen die beiden Geraden senkrecht zueinander?

1
$g_1: y = 4x - 2$
$g_2: y = -\frac{1}{4}x - 3$

$4 \cdot \left(-\frac{1}{4}\right) = -1$

ja / ~~nein~~

2
$g_1: y = 2x + 1$
$g_2: y = -2x + 1$

$2 \cdot (-2) = -4$

~~ja~~ / **nein**

3
$g_1: y = 3x + 2$
$g_2: y = \frac{1}{3}x - 2$

$3 \cdot \frac{1}{3} = 1$

~~ja~~ / **nein**

4 Faktorisiere.

$a^2 + 20a + 100 = $ __$(a + 10)^2$__

$x^2 - 24x + 144 = $ __$(x - 12)^2$__

$a^2 - 49 = $ __$(a + 7)(a - 7)$__

5 Löse die Klammern auf und vereinfache.

$3ab - (a + 5b)^2 = $ __$-a^2 - 7ab - 25b^2$__

$(8 - 2x)^2 - (4 + x) = $ __$60 - 33x + 4x^2$__

$2(-5 + m) + (5 + m)(5 - m) = $ __$15 + 2m - m^2$__

6 Berechne die fehlenden Größen.

Kapital K	7 000 €	11 000 €	800 €	4 300 €	1 650 €	74 000 €
Zinsen Z	238 €	253 €	38,40 €	133,30 €	95,70 €	592 €
Zinssatz p	3,4 %	2,3 %	4,8 %	3,1 %	5,8 %	0,8 %

7
__480__ : 30 = 16
1,5 · __22__ = 33
__37,5__ : 0,5 = 75
290 · 11 = __3190__
__3,6__ : 6 = 0,6

8
(−0,5) · __132__ = −66
(−0,2) · (−0,2) = __0,04__
88 · (−1,5) = __−132__
0,7 · __(−0,5)__ = −0,35
__100__ · 0,05 = 5

9
__7,5__ : 2,5 + 1,5 = 4,5
5 · __12__ − 12 = 48
8 + 320 : __4__ = 88
__90__ − 7 · 13 = −1
77 − 40 : __5__ = 69

Rätselseite

D	E	I	K	L	N	R	S	T	U
−1 000	−870	−640	−310	−108	36	74	168	324	550

$\frac{1}{2} \cdot (-3000) + 2 \cdot 430 = $ **−640** I

792 € von 2 200 € → p = **36** N

$-\frac{1}{8}x = 125 \to x = $ **−1000** D

5,5 % von 10 000 = **550** U

$(-21) \cdot (-8) = $ **168** S

$x : 3 + 12 = 120 \to x = $ **324** T

$14 \cdot 4 + 6 \cdot 3 = $ **74** R

$(-990 - 290) \cdot \frac{1}{2} = $ **−640** I

$2 \cdot (-315) + (-110 - 130) = $ **−870** E

$5 \cdot (-62) = $ **−310** K

$-807 + 3 \cdot 233 = $ **−108** L

$5 \cdot (-160) - 2 \cdot 35 = $ **−870** E

15 % ≙ 48,60 € → K = **324** T

$(-0,5) \cdot (-660) - 24 : 4 = $ **324** T

$1,5 \cdot (-210 - 320) - 75 = $ **−870** E

8 % von 925 = **74** R

$(-2500) : 4 - (5 \cdot 49) = $ **−870** E

$3x - 23 = 199 \to x = $ **74** R

504 € von 300 € → p = **168** S

$3 \cdot (-290) = $ **−870** E

$(-1600) : 2,5 = $ **−640** I

$\frac{2}{3}x = -72 \to x = $ **−108** L

INDUSTRIEKLETTERER führen

Wartungs- und Reparaturarbeiten in großen Höhen aus. Sie sind dabei nur durch ein SEIL gesichert.

Mathe-fit-Test 3

1 Berechne die Zinsen mit Formel oder Dreisatz.

Kapital: 1 300 €
Zinssatz: 1,7 %

$z = \dfrac{K \cdot p}{100}$

$z = \dfrac{1\,300\,€ \cdot 1,7}{100} = 22,10\,€$

2 Berechne den Zinssatz mit Formel oder Dreisatz.

Kapital: 21 000 €
Zinsen: 672 €

$z = \dfrac{K \cdot p}{100}$

$p = \dfrac{z \cdot 100}{K} = \dfrac{672\,€ \cdot 100}{21\,000\,€} = 3,2\,\%$

3 Berechne das Kapital mit Formel oder Dreisatz.

Zinsen: 2 772 €
Zinssatz: 6,3 %

$z = \dfrac{K \cdot p}{100}$

$K = \dfrac{z \cdot 100}{p} = \dfrac{2\,772\,€ \cdot 100}{6,3}$

$K = 44\,000\,€$

4 Wie viele Zinsen erhält Simon nach einem Jahr, wenn er 3 300 € zu einem Zinssatz von 2,4 % angelegt hat?

$z = \dfrac{K \cdot p}{100}$

$z = \dfrac{3\,300\,€ \cdot 2,4}{100}$

$z = 79,20\,€$

5 Wie viel Geld hat Ali angelegt, wenn er einen Zinssatz von 2,1 % bekommt und nach einem Jahr 113,40 € Zinsen erhält?

$K = \dfrac{z \cdot 100}{p}$

$K = \dfrac{113,40\,€ \cdot 100}{2,1}$

$K = 5 400\,€$

Mathe-fit-Test 3

6 Schreibe die binomischen Formeln auf.

1. binomische Formel: $(a + b)^2 = a^2 + 2ab + b^2$

2. binomische Formel: $(a - b)^2 = a^2 - 2ab + b^2$

3. binomische Formel: $(a + b)(a - b) = a^2 - b^2$

7 Wende jeweils eine der drei binomischen Formeln an.

$(a + 2b)(a - 2b) = a^2 - (2b)^2 = a^2 - 4b^2$

$(3s - 6t)^2 = (3s)^2 - 2 \cdot 3s \cdot 6t + (6t)^2 = 9s^2 - 36st + 36t^2$

$(8m + 2n)^2 = (8m)^2 + 2 \cdot 8m \cdot 2n + (2n)^2 = 64m^2 + 32mn + 4n^2$

$(11 + x)(11 - x) = (11)^2 - x^2 = 121 - x^2$

8 Löse die Klammern auf und vereinfache.

$(x - 5)^2 - (2y + 2x) = x^2 - 14x + 25 - 2y$

$(s + 3t)^2 + (s - 4t) \cdot 8 = s^2 + 6st + 9t^2 + 8s - 32t$

$(a + b)(a - 6) + (4a + b)^2 = 17a^2 - 36 + 8ab + b^2$

9 Faktorisiere.

$x^2 - 22x + 121 = (x - 11)^2$

$a^2 + 14a + 49 = (a + 7)^2$

10 Welche Gerade gehört zu welcher Gleichung?

$y = 2x:$ ___g_2___

$y = 1,5x - 2:$ ___g_4___

$y = x + 1:$ ___g_1___

$y = 2x - 3:$ ___g_3___

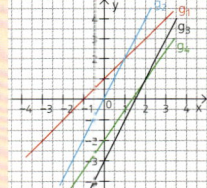

Du hast ___ Aufgaben richtig gelöst.

Berechnen einer Geradengleichung: !

Eine Gerade g geht durch die Punkte P_1 (1 | 5) und P_2 (3 | 1).

1. Berechnen der Steigung **m**:

$m = \dfrac{y_2 - y_1}{x_2 - x_1}$ $m = \dfrac{1 - 5}{3 - 1} = -\dfrac{4}{2} = -2$

2. Berechnen des y-Achsenabschnitts **c**:
Einsetzen von m = –2 und P_1 (1 | 5) oder P_2 (3 | 1) in y = m · x + c
$5 = -2 \cdot 1 + c$ | +2
$c = 7$

3. Aufstellen der **Funktionsgleichung**:
$y = m \cdot x + c$ $y = -2 \cdot x + 7$

1 Berechne c und m und stelle dann die Funktionsgleichung auf.

P_1 (3 | 2) P_2 (4 | 1)

1. Berechnen der Steigung **m**:

$m = \dfrac{y_2 - y_1}{x_2 - x_1}$ $m = \dfrac{1 - 2}{4 - 3} = -\dfrac{1}{1} = \boxed{-1}$

2. Berechnen des y-Achsenabschnitts **c**:

$y = m \cdot x + c$

$\underline{2} = \underline{(-1) \cdot 3 + c}$ | +3

$c = \boxed{5}$

3. Aufstellen der **Funktionsgleichung**:

$y = \underline{-1x + 5}$

2 Löse die Klammern auf und vereinfache.

$(3x + 2y)^2 - (5x + 8) = 9x^2 + 12xy + 4y^2 - 5x - 8$

$(4 - x)^2 + 3(2x - y) = 16 - 2x + x^2 - 3y$

$6 - (5s + t)(5s - t) = 6 - (25s^2 - t^2) = 6 - 25s^2 + t^2$

$8(a - 2b) + 4a - b = 12a - 17b$

$(x - 4y)(x + 4y) - x(x - y) = -16y^2 + xy$

$(7p + 4)^2 - p(5 - p) = 50p^2 + 51p + 16$

1 Berechne c und m und stelle dann die Funktionsgleichung auf.

P_1 (–2 | 3) P_2 (4 | 6):

1. Berechnen der Steigung **m**:

$m = \dfrac{y_2 - y_1}{x_2 - x_1} = \dfrac{6 - 3}{4 - (-2)} = \dfrac{3}{6} = \dfrac{1}{2}$

2. Berechnen des y-Achsenabschnitts **c**:

$y = m \cdot x + c$

$6 = -\dfrac{1}{2} \cdot 4 + c$ | – 2

$c = 4$

3. Aufstellen der **Funktionsgleichung**:

$y = \dfrac{1}{2}x + 4$

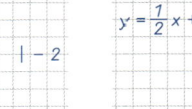

1. Klammern auflösen
2. Auf beiden Seiten zusammenfassen
3. Gleichung lösen

Löse die Gleichungen durch Umformen.

2

$27 + (4 - x) = 11$

$27 + 4 - x = 11$

$31 - x = 11$ | –31

$-x = -20$ | :(–1)

$x = \boxed{20}$

3

$-(2x + 5) + 15x = 21$

$-2x - 5 + 15x = 21$

$13x - 5 = 21$ | +5

$13x = 26$ | :13

$x = \boxed{2}$

4

$-3 + (x + 5) = 6 - (4x - 6)$

$-3 - x + 5 = 6 - 4x + 6$

$2 + x = 12 - 4x$ | –2

$x = 10 - 4x$ | +4x

$5x = 10$ | :5

$x = \boxed{2}$

5

$8(6 - x) = x + (6 - 2x)$

$48 - 8x = x + 6 - 2x$

$48 - 8x = -x + 6$ | –48

$-8x = -x - 42$ | +x

$-7x = -42$ | :(–7)

$x = \boxed{6}$

Das Übungsheft Mathematik 8 – Lösungen (Seite 38–41)

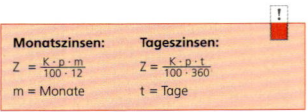

Monatszinsen:	Tageszinsen:
$Z = \frac{K \cdot p \cdot m}{100 \cdot 12}$	$Z = \frac{K \cdot p \cdot t}{100 \cdot 360}$
m = Monate	t = Tage

1 Berechne jeweils die Zinsen.

Kapital K	Zinssatz p	Zeitraum m/t	Zinsen Z
20 000 €	5 %	4 m	333,33 €
5 000 €	3,5 %	7 m	102,08 €
350 €	2 %	100 t	1,94 €
20 €	4,8 %	250 t	0,67 €

2

$-2 = -6 + (2x - 10)$
$-2 = -6 + 2x - 10$
$\underline{-2 = -16 + 2x} \quad | +16$
$\underline{14 = 2x} \quad | :2$
$x = \boxed{7}$

3

$4(x + 2) = 7x + 2$
$\underline{4x + 8 = 7x + 2} \quad | -8$
$\underline{4x = 7x - 6} \quad | -7x$
$\underline{-3x = -6} \quad | :(-3)$
$x = \boxed{2}$

4

$5(4x + 3) = 10(x + 2) - 15$
$\underline{20x + 15 = 10x + 20 - 15}$
$\underline{20x + 15 = 10x + 5} \quad | -15$
$\underline{20x = 10x - 10} \quad | -10x$
$\underline{10x = -10} \quad | :10$
$x = \boxed{-1}$

5

$(7x + 4) \cdot 3 = 5(5x - 2) + 2$
$\underline{21x + 12 = 25x - 10 + 2}$
$\underline{21x + 12 = 25x - 8} \quad | -12$
$\underline{21x = 25x - 20} \quad | -25x$
$\underline{-4x = -20} \quad | :(-4)$
$x = \boxed{5}$

Löse die Gleichungen durch Umformen.

> Beachte die binomischen Formeln!

1

$27 - x + x(x - 3) = (x + 9)(x - 9)$
$\underline{27 - x + x \cdot x - 3x = x^2 - 9^2}$
$\underline{27 - 4x - x^2 = x^2 - 81} \quad | -x^2$
$\underline{27 - 4x = -81} \quad | -27$
$\underline{-4x = -108} \quad | :(-4)$
$x = \boxed{27}$

2

$(x + 5)^2 = x^2 - 20$
$\underline{x^2 + 2 \cdot x \cdot 5 + 5^2 = x^2 - 20}$
$\underline{x^2 + 10x + 25 = x^2 - 20} \quad | -x^2$
$\underline{10x + 25 = -20} \quad | -25$
$\underline{10x = -45} \quad | :10$
$x = \boxed{-4,5}$

3

$x^2 - (x + 2)(x - 2) = 8(6 - 2x) - 4$
$\underline{x^2 - (x^2 - 2^2) = 48 - 16x - 4}$
$\underline{x^2 - x^2 + 4 = 48 - 16x - 4}$
$\underline{4 = 44 - 16x} \quad | -44$
$\underline{-40 = -16x} \quad | :(-16)$
$x = \boxed{2,5}$

4

$11(x + 5) = (x + 7)^2 - x^2$
$\underline{11x + 55 = x^2 + 14x + 49 - x^2}$
$\underline{11x + 55 = 14x + 49} \quad | -55$
$\underline{11x = 14x - 6} \quad | -14x$
$\underline{-3x = -6} \quad | :(-3)$
$x = \boxed{2}$

5 Lies die Punkte P_1 und P_2 am Steigungsdreieck ab. Berechne dann c und m und stelle die Funktionsgleichung auf.

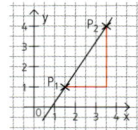

$m = \dfrac{y_2 - y_1}{x_2 - x_1} = \dfrac{4 - 1}{3,5 - 1,5} = \dfrac{3}{2} = 1,5$

$y = m \cdot x + c$

$1 = 1,5 \cdot 1,5 + c \quad | -2,25$

$c = -1,25$

Funktionsgleichung: $\underline{y = 1,5x - 1,25}$

Die Probe:

Setze in die erste Zeile der Gleichung für x deine Zahl ein und rechne mit diesem Wert auf beiden Seiten des Gleichheitszeichens. Erhältst du jeweils dieselbe Zahl, dann hast du für x die richtige Zahl gefunden!

$12(x - 2) = (x + 1)^2 \qquad x = 5$
$12(5 - 2) = (5 + 1)^2$
$12 \cdot 3 = 6^2$
$36 = 36 \checkmark$

Löse die Gleichungen durch Umformen. Überprüfe das Ergebnis mit der Probe.

1

$2(x + 3) - 7 = 3 + (4x + 2)$
$\underline{2x + 6 - 7 = 3 + 4x + 2}$
$\underline{2x - 1 = 5 + 4x} \quad | +1$
$\underline{2x = 6 + 4x} \quad | -4x$
$\underline{-2x = 6} \quad | :(-2)$
$x = \boxed{-3}$

Probe:

$2(x + 3) - 7 = 3 + (4x + 2)$
$\underline{2(-3 + 3) - 7 = 3 + (4 \cdot (-3) + 2)}$
$\underline{-7 = -7 \checkmark}$

2

$5 + (x + 1) = 8 - (x - 2)$
$\underline{5 + x + 1 = 8 - x + 2}$
$\underline{6 + x = 10 - x} \quad | -6$
$\underline{x = 4 - x} \quad | +x$
$\underline{2x = 4} \quad | :2$
$x = \boxed{2}$

Probe:

$5 + (x + 1) = 8 - (x - 2)$
$\underline{5 + (2 + 1) = 8 - (2 - 2)}$
$\underline{8 = 8 \checkmark}$

3 Frau Weiss überzieht ihr Konto um 3 200 €. Wie viel Zinsen bezahlt sie für 8 Monate bei einem Zinssatz von 9,5 %?

$Z = \dfrac{K \cdot p \cdot m}{100 \cdot 12}$

$Z = \dfrac{3200 \, € \cdot 9,5 \cdot 8}{100 \cdot 12}$

$Z = 20,67 \, €$

4 Paul erhält für 1 800 € nach 11 Monaten 66 € Zinsen. Zu welchem Zinssatz hatte er sein Geld angelegt?

$p = \dfrac{Z \cdot 100 \cdot 12}{K \cdot m}$

$p = \dfrac{66 \, € \cdot 100 \cdot 12}{1800 \, € \cdot 11}$

$p = 4 \, \%$

---

1 Lies die Punkte P_1 und P_2 am Steigungsdreieck ab. Berechne dann c und m und stelle die Funktionsgleichung auf.

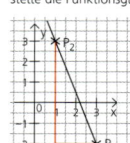

$m = \dfrac{y_2 - y_1}{x_2 - x_1} = \dfrac{3 - (-2)}{1 - 3} = \dfrac{5}{-2} = -2,5$

$y = m \cdot x + c$

$3 = -2,5 \cdot 1 + c \rightarrow c = 5,5$

Funktionsgleichung: $\underline{y = 2,5x + 5,5}$

Löse die Gleichungen durch Umformen. Überprüfe das Ergebnis mit der Probe.

2 $x = 3$

$x(x - 8) = (x - 5)(x + 5) + 1$

3 $x = -10$

$10 + (2x - 3) = 11 - (-6 - 3x)$

4 Herr Katz möchte für 100 Tage einen Kredit über 15 000 € aufnehmen. Welches Angebot ist günstiger?

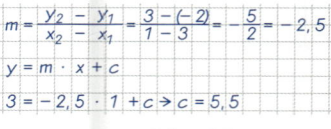

A Günstiges Angebot
Zinssatz: 7,5 %
einmalige Bearbeitungsgebühr: 0,6 %

B Schnellkredit
zuverlässig und unbürokratisch!
Zinssatz: 9,1 %

Angebot A:

$Z = \dfrac{15\,000 \, € \cdot 7,5 \cdot 100}{100 \cdot 360} = 312,50 \, €$

$W = \dfrac{G \cdot p}{100} = \dfrac{15\,000 \, € \cdot 0,6}{100} = 90 \, €$

$312,50 \, € + 90 \, € = 402,50 \, €$

Angebot B:

$Z = \dfrac{15\,000 \, € \cdot 9,1 \cdot 100}{100 \cdot 360} = 379,17 \, €$

Angebot $\underline{B}$ ist günstiger.

1 Lies die Punkte P_1 und P_2 am Steigungsdreieck ab. Berechne dann c und m und stelle die Funktionsgleichung auf.

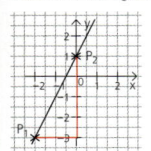

$$m = \frac{y_2 - y_1}{x_2 - x_1} = \frac{1-(-3)}{0-(-2)} = \frac{4}{2} = 2$$

$$y = m \cdot x + c$$
$$1 = 2 \cdot 0 + c$$
$$c = 1$$

Funktionsgleichung: $y = 2x + 1$

2 Berechne die fehlenden Größen.

K	1 200 €	600 €	82 500 €	900 €	24 000 €	11 250 €
Z	27,50 €	10,50 €	6050 €	35 €	186 €	33,75 €
p	5,5 %	3 %	8 %	7 %	0,9 %	7,2 %
m/t	5 m	7 m	11 m	200 t	310 t	15 t

Löse die Gleichungen durch Umformen. Überprüfe das Ergebnis mit der Probe.

3 $x = -2,5$
$12 + (7 + x)^2 - x(x - 4) = -3(2 + 2x) + 7$

4 $x = 4$
$48 - 5(7x - 6) = (3x + 19) \cdot (-2)$

5 Rechne im Kopf.

waagerecht:
(1) $1110 \cdot 0,5$
(3) $(-276) \cdot (-3)$
(4) $\frac{1}{3} \cdot 189$
(6) $3500 - 781$
(9) $\frac{1}{4} \cdot 208$
(11) $(-154) : (-22)$
(14) $5400 : 60$
(15) $102 : 3$

senkrecht:
(2) $5,8 : 0,1$
(5) $1000 + (-601)$
(7) $8760 \cdot 0,1$
(8) $35 \cdot 3$
(10) $13,2 : 0,6$
(13) $0,6 : 0,2$

Kreuzworträtsel-Gitter:
```
⁽¹⁾5 ⁽²⁾5 5   ⁽⁴⁾6 ⁽⁵⁾3
⁽³⁾8 2 8      9
⁽¹³⁾2 ⁽⁶⁾2 7 ⁽⁸⁾1 9
⁽¹⁴⁾9 0    6 0
  1 ⁽¹²⁾3 ⁽¹¹⁾5 2
  3 4 ⁽¹⁷⁾7 2
```

Rätselseite

A	C	D	E	F	H	I	L	N	O	P	R	S	T	Y
0	0,5	0,8	1,1	1,9	2,2	3	4,4	5,7	6	7,5	8	8,8	9,1	10

$(-0,5) \cdot (-0,5) - 0,25 =$	0	A
$17,1 : 3 =$	5,7	N
$44\,€$ von $500\,€ \rightarrow p =$	8,8	S
$\frac{1}{5}$ von $37,5 =$	7,5	P
$\frac{1}{4}x = 2 \rightarrow x =$	8	R
$22\,\%$ von $5 =$	1,1	E
$555x = 277,5 \rightarrow x =$	0,5	C
$0 + 3,8 - 11,6 =$	2,2	H
$7,7 : 7 =$	1,1	E
$(-2,85) \cdot (-2) =$	5,7	N
$20\,€$ von $2500\,€ \rightarrow p =$	0,8	D

$(-3,4) \cdot (-2) - 2,7 - 2,2 =$	1,9	F
$32\,\%$ von $18,75 =$	6	O
$\frac{2}{3}$ von $9 =$	6	O
$1,5 \cdot (0,5 - 0,2) + 0,35 =$	0,8	D
$1,1 \cdot 8 =$	8,8	S
$72,80\,€$ von $800\,€ \rightarrow p =$	9,1	T
$0,6x + 0,2 \cdot 20 = 10 \rightarrow x =$	10	Y
$17,6 \cdot 0,25 =$	4,4	L
$11 \cdot 0,7 - \frac{1}{2} \cdot 9,4 =$	3	I
$0,0088 \cdot 1000 =$	8,8	S
$45,5 : 5 =$	9,1	T

Damit Lebensmittel für Film- und Fotoaufnahmen
A N S P R E C H E N D aussehen, richtet der/die
F O O D - S T Y L I S T /in sie besonders schön an.

Mathe-fit-Test 4

1 Berechne c und m und stelle die Funktionsgleichung auf.

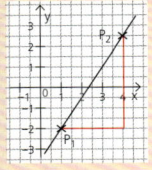

$$m = \frac{y_2 - y_1}{x_2 - x_1} = \frac{2,5 - (-2)}{4 - 1} = \frac{4,5}{3}$$
$$= 1,5$$
$$y = m \cdot x + c$$
$$-2 = 1,5 \cdot 1 + c \quad | -1,5$$
$$c = -3,5$$

Funktionsgleichung: $y = 1,5x - 3,5$

2 Notiere die gesuchten Formeln.

Monatszinsen:
$$Z = \frac{K \cdot p \cdot m}{100 \cdot 12} \qquad K = \frac{Z \cdot 100 \cdot 12}{p \cdot m} \qquad p = \frac{Z \cdot 100 \cdot 12}{K \cdot m} \qquad m = \frac{Z \cdot 100 \cdot 12}{K \cdot p}$$

Tageszinsen:
$$Z = \frac{K \cdot p \cdot t}{100 \cdot 360} \qquad K = \frac{Z \cdot 100 \cdot 360}{p \cdot t} \qquad p = \frac{Z \cdot 100 \cdot 360}{K \cdot t} \qquad t = \frac{Z \cdot 100 \cdot 1360}{K \cdot t}$$

3 Lisa zahlt am 10. Mai 800 € auf ihr Sparbuch ein und hebt das Geld am 15. Dezember wieder ab. Wie viel Zinsen erhält sie bei einem Zinssatz von 0,8 %?

$$Z = \frac{K \cdot p \cdot t}{100 \cdot 360}$$
$$Z = \frac{800\,€ \cdot 0,8 \cdot 215}{100 \cdot 360}$$
$$Z = 3,82\,€$$

4 Für einen Autokauf nimmt Frau Hoch einen Kredit über 18 000 € auf. In einem Zeitraum von 7 Monaten zahlt sie dafür 840 € Zinsen. Wie hoch ist der Zinssatz?

$$p = \frac{Z \cdot 100 \cdot 12}{K \cdot m}$$
$$p = \frac{840\,€ \cdot 100 \cdot 12}{18 000\,€ \cdot 7}$$
$$p = 8\,\%$$

Mathe-fit-Test 4

5 Berechne die fehlenden Größen.

K	22 000 €	1 200 €	150 000 €	1 800 €	5 900 €	3 400 €
Z	330 €	24 €	687,50 €	112,75 €	50,15 €	68 €
p	9 %	6 %	5,5 %	11 %	3,6 %	1,8 %
m/t	2 m	4 m	1 m	205 t	85 t	400 t

6
$(x - 5) \cdot x + 10 = (x + 3)(x - 3) - 21$
$x^2 - 5x + 10 = x^2 - 9 - 21$
$x^2 - 5x + 10 = x^2 - 30 \quad | -x^2$
$-5x + 10 = -30 \quad | -10$
$-5x = -40 \quad | :(-5)$
$x = 8$

7
$(2 + x)^2 = x^2 - 2 + 5x$
$4 + 4x + x^2 = x^2 - 2 + 5x \quad | -x^2$
$4 + 4x = -2 + 5x \quad | -4$
$4x = -6 + 5x \quad | -5x$
$-x = -6 \quad | :(-1)$
$x = 6$

Löse die Gleichungen durch Umformen. Überprüfe das Ergebnis mit der Probe.

8
$3(x + 2) - 7 = (5 + x) - 3$
$3x + 6 - 7 = 5 + x - 3$
$3x - 1 = 2 + x \quad | +1$
$3x = 3 + x \quad | -x$
$2x = 3 \quad | :2$
$x = 1,5$
Probe:
$3(x + 2) - 7 = (5 + x) - 3$
$3(1,5 + 2) - 7 = (5 + 1,5) - 3$
$3,5 = 3,5 \checkmark$

9
$4(x + 1) = 11,5 - (-x + 6)$
$4x + 4 = 11,5 + x - 6$
$4x + 4 = 5,5 + x \quad | -4$
$4x = 1,5 + x \quad | -x$
$3x = 1,5 \quad | :3$
$x = 0,5$
Probe:
$4(x + 1) = 11,5 - (-x + 6)$
$4(0,5 + 1) = 11,5 - (-0,5 + 6)$
$6 = 6 \checkmark$

Du hast ____ Aufgaben richtig gelöst.

Das Übungsheft Mathematik 8 – Lösungen (Seite 46–49)

1

$15 - 15x = (3 - x) \cdot 30$

$\underline{15 - 15x = 90 - 30x} \quad | +30x$
$\underline{15 + 15x = 90} \quad | -15$
$\underline{15x = 75} \quad | :15$
$x = \boxed{5}$

2

$-(4x - 3) + 2x = -9$

$\underline{-4x + 3 + 2x = -9}$
$\underline{-2x + 3 = -9} \quad | -3$
$\underline{-2x = -12} \quad | :(-2)$
$x = \boxed{6}$

3 Frau Frey hat Geld geerbt. Einen Teil davon möchte sie für 7 Jahre anlegen. Die Zinsen hebt sie am Ende des Jahres immer ab, um sich etwas Nettes dafür zu kaufen. Sie vergleicht verschiedene Angebote. Bei welcher Bank hat sie am Ende der 7 Jahre am meisten Zinsen erhalten?

Bank A
Anlagebetrag: 30 000 €
Zinssatz: 0,7 %

Bank B
Anlagebetrag: 32 000 €
Zinssatz: 0,65 %

Bank C
Anlagebetrag: 29 000 €
Zinssatz: 0,73 %

Bank A: $\quad Z = \dfrac{30\,000 \, € \cdot 0,7}{100} \cdot 7 = 1\,470 \, €$

Bank B: $\quad Z = \dfrac{32\,000 \, € \cdot 0,65}{100} \cdot 7 = 1\,456 \, €$

Bank C: $\quad Z = \dfrac{29\,000 \, € \cdot 0,73}{100} \cdot 7 = 1\,481,90 \, €$

Die meisten Zinsen erhält sie bei Bank __C__.

4 Bestimme die Zahlenpaare so, dass sie Lösung der angegebenen Gleichung sind.

Gleichung	x	y	Zahlenpaar
$y = 2x + 5$	3	11	(3 | 11)
$y = x - 6$	2	−4	(2 | −4)
$y = 8x + 0,5$	1	8,5	(1 | 8,5)

Zinseszinsen: !

Wenn Zinsen wieder verzinst werden, spricht man von **Zinseszins**.

Bei einem Kapital, das über mehrere Jahre angelegt wird, werden die Zinsen am Ende des Jahres zum Kapital addiert und im darauffolgenden Jahr mitverzinst.

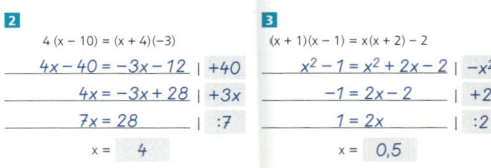 **1** Ergänze die Tabelle.

Kapital: 5 000 €   Zinssatz: 2,5 %   Laufzeit: 4 Jahre

Jahr	Kapital am Jahresanfang	Zinsen	Kapital am Jahresende
1	5 000 €	125 €	5 125 €
2	5 125 €	128,13 €	5 253,13 €
3	5 253,13 €	131,33 €	5 384,46 €
4	5 384,46 €	134,61 €	5 519,07 €

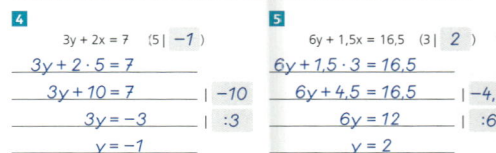

2

$4(x - 10) = (x + 4)(-3)$

$\underline{4x - 40 = -3x - 12} \quad | +40$
$\underline{4x = -3x + 28} \quad | +3x$
$\underline{7x = 28} \quad | :7$
$x = \boxed{4}$

3

$(x + 1)(x - 1) = x(x + 2) - 2$

$\underline{x^2 - 1 = x^2 + 2x - 2} \quad | -x^2$
$\underline{-1 = 2x - 2} \quad | +2$
$\underline{1 = 2x} \quad | :2$
$x = \boxed{0,5}$

Bestimme die Zahlenpaare so, dass sie Lösung der angegebenen Gleichung sind.

4

$3y + 2x = 7 \quad (5 \mid \boxed{-1})$

$\underline{3y + 2 \cdot 5 = 7}$
$\underline{3y + 10 = 7} \quad | -10$
$\underline{3y = -3} \quad | :3$
$\underline{y = -1}$

5

$6y + 1,5x = 16,5 \quad (3 \mid \boxed{2})$

$\underline{6y + 1,5 \cdot 3 = 16,5}$
$\underline{6y + 4,5 = 16,5} \quad | -4,5$
$\underline{6y = 12} \quad | :6$
$\underline{y = 2}$

46   47

Lineares Gleichungssystem: !

Ein **lineares Gleichungssystem** („LGS") besteht aus **zwei linearen Gleichungen** mit **zwei gemeinsamen Variablen**.

Um das lineare Gleichungssystem zu lösen, sucht man nach einem **Zahlenpaar** (x | y), das beide Gleichungen erfüllt.

1 Zeichne den fehlenden Graphen des linearen Gleichungssystems in das Koordinatensystem ein und gib die Lösung (= Koordinaten des Schnittpunkts) an.

(1) $y = x + 2$ (2) $y = 3x - 2$ (1) $y = 3x - 2,5$ (2) $y = -x + 3,5$

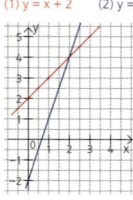 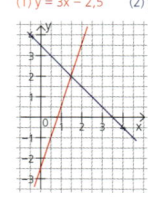

Lösung: (__2__ | __4__)   Lösung: (__1,5__ | __2__)

2 Ergänze die Tabelle.

Kapital: 8 000 €   Zinssatz: 1,6 %   Laufzeit: 5 Jahre

Jahr	Kapital am Jahresanfang	Zinsen	Kapital am Jahresende
1	8 000 €	128 €	8 128 €
2	8 128 €	130,05 €	8 258,05 €
3	8 258,05 €	132,13 €	8 390,18 €
4	8 390,18 €	134,24 €	8 524,42 €
5	8 524,42 €	136,39 €	8 660,81 €

Am Ende des 5. Jahres hat sich das Kapital um __8,26__ % erhöht.

Bei einem **Ratensparvertrag** erhöht sich das Kapital zu Beginn eines jeden Jahres oder Monats um die gleiche Summe („Sparrate"). Die Zinsen werden weiterhin mitverzinst („Zinseszins").

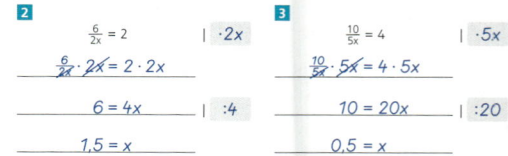 **1** Ergänze die Tabelle.
Luca schließt einen Ratensparvertrag über 8 Jahre ab. Die jährliche Sparrate beträgt 500 €, der Zinssatz 1,5 %.

Jahr	Kapital am Jahresanfang	Zinsen	Kapital am Jahresende
1	500 €	7,50 €	507,50 €
2	1 007,50 €	15,11 €	1 022,61 €
3	1 522,61 €	22,84 €	1 545,45 €
4	2 045,45 €	30,68 €	2 076,13 €
5	2 576,13 €	38,64 €	2 614,77 €
6	3 114,77 €	47,17 €	3 161,94 €
7	3 661,94 €	54,93 €	3 716,87 €
8	4 216,87 €	63,25 €	4 280,12 €

Bruchgleichungen:
Multipliziere zuerst mit einem gemeinsamen Nenner, damit die Bruchterme entfallen. Löse dann die Gleichung durch Umformen.

2

$\dfrac{6}{2x} = 2 \quad | \cdot 2x$

$\dfrac{6}{2x} \cdot 2x = 2 \cdot 2x$

$\underline{6 = 4x} \quad | :4$
$\underline{1,5 = x}$

3

$\dfrac{10}{5x} = 4 \quad | \cdot 5x$

$\dfrac{10}{5x} \cdot 5x = 4 \cdot 5x$

$\underline{10 = 20x} \quad | :20$
$\underline{0,5 = x}$

48   49

1 Zeichne die Graphen des linearen Gleichungssystems in das Koordinatensystem ein und gib die Lösung an.

(1) $y = 2x - 1$ (2) $y = x + 1$ (1) $y = 4x$ (2) $y = 2x + 1$

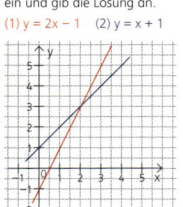 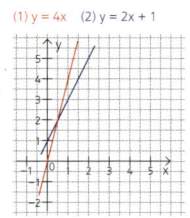

Lösung: (_2_ | _3_)   Lösung: (_0,5_ | _2_)

2 Fülle die Tabelle aus.

Jahr	Kapital am Jahresanfang	Zinsen	Kapital am Jahresende
1	1 300 €	28,60 €	1 328,60 €
2	2 628,60 €	57,83 €	2 686,43 €
3	3 986,43 €	87,70 €	4 074,13 €

Angebot „Ratensparvertrag"
jährliche Sparrate: 1 300 €
Zinssatz: 2,2 %
Laufzeit: 3 Jahre

3

$\frac{8}{3x+1} = 2$ | $\cdot (3x + 1)$

$\frac{8}{3x+1} \cdot (3x+1) = 2 \cdot (3x+1)$

$8 = 6x + 2$ | -2

$6 = 6x$ | $:6$

$1 = x$

4

$\frac{5}{5x-10} = \frac{1}{2}$ | $\cdot (5x - 10)$

$\frac{5}{5x-10} \cdot (5x-10) = \frac{1}{2} \cdot (5x-10)$

$5 = 2,5x - 5$ | $+5$

$10 = 2,5x$ | $:2,5$

$4 = x$

Zuwachssparen:
Ein festes Kapital wird für einige Jahre angelegt.
Der Zinssatz wächst mit jedem Jahr.

1

	Jahr	Kapital am Jahresanfang	Zinsen	Kapital am Jahresende
Zuwachssparen Zinssatz im 1. Jahr: 0,15 % Der Zinssatz steigt jedes Jahr um 0,1 % Laufzeit: 4 Jahre	1	4 000 €	6 €	4 006 €
	2	4 006 €	10,02 €	4 016,02 €
	3	4 016,02 €	14,06 €	4 030,08 €
	4	4 030,08 €	18,14 €	4 048,22 €

Am Ende des 4. Jahres hat sich das Kapital um _1,21_ % erhöht.

2 Ergänze die Wertetabellen. Umrahme das Zahlenpaar, das beide Gleichungen erfüllt.

(1) $y = 3x + 1$

x	−6	−5	−4	−3	−2	−1	0
y	−17	−14	−11	−8	−5	−2	1

(2) $y = 2x - 1$

x	−6	−5	−4	−3	−2	−1	0
y	−13	−11	−9	−7	−5	−3	−1

Lösung (_−2_ | _−5_)

3

$\frac{3}{x-9} = -0,5$ | $\cdot (x - 9)$

$\frac{3}{x-9} \cdot (x-9) = -0,5 \cdot (x-9)$

$3 = -0,5x + 4,5$ | $-4,5$

$-1,5 = -0,5x$ | $:(-0,5)$

$3 = x$

4

$\frac{2}{4x} - \frac{1}{2} = \frac{6}{x}$ | $\cdot 4x$

$\frac{2}{4x} \cdot 4x - \frac{1}{2} \cdot 4x = \frac{6}{x} \cdot 4x$

$2 - 2x = 24$ | -2

$-2x = 22$ | $:(-2)$

$x = -11$

---

1 Fülle die Tabelle aus.

Jahr	Kapital am Jahresanfang	Zinsen	Kapital am Jahresende
1	13 000 €	52,00 €	13 052 €
2	13 052 €	78,31 €	13 130,31 €
3	13 130,31 €	118,17 €	13 248,48 €
4	13 248,48 €	132,48 €	13 380,96 €

Zuwachssparen
Kapital: 13 000 €
Zinssatz
im 1. Jahr: 0,4 %
im 2. Jahr: 0,6 %
im 3. Jahr: 0,9 %
im 4. Jahr: 1 %
Laufzeit: 4 Jahre

Am Ende des 4. Jahres hat sich das Kapital um _2,93_ % erhöht.

2 Fülle die Wertetabellen aus. Umrahme das Zahlenpaar, das beide Gleichungen erfüllt.

(1) $y = -5x + 8$

x	−4	−3	−2	−1	0	1	2
y	28	23	18	13	8	3	−2

(2) $y = 4x - 1$

x	−4	−3	−2	−1	0	1	2
y	−17	−13	−9	−5	−1	3	7

Lösung: (_1_ | _3_)

3 Verbinde die Rechnung jeweils mit dem richtigen Ergebnis.

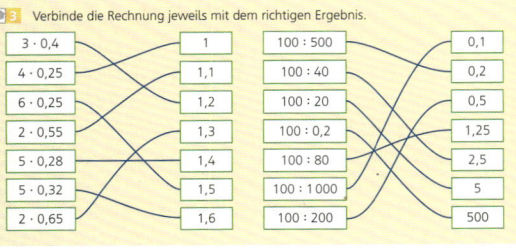

Rechnung		Ergebnis
$3 \cdot 0,4$	1	
$4 \cdot 0,25$	1,1	
$6 \cdot 0,25$	1,2	
$2 \cdot 0,55$	1,3	
$5 \cdot 0,28$	1,4	
$5 \cdot 0,32$	1,5	
$2 \cdot 0,65$	1,6	

Rechnung		Ergebnis
$100 : 500$		0,1
$100 : 40$		0,2
$100 : 20$		0,5
$100 : 0,2$		1,25
$100 : 80$		2,5
$100 : 1000$		5
$100 : 200$		500

Rätselseite

A	C	E	G	H	K	L	O	P	R	S	T	U	Ü	V
−150	−88	−65	−25	−22	−12	−5	0	5	12	22	25	65	88	150

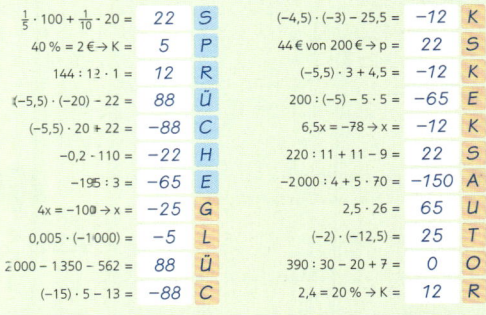

$\frac{1}{5} \cdot 100 + \frac{1}{10} \cdot 20 =$	22 S	$(-4,5) \cdot (-3) - 25,5 =$	−12 K
40 % = 2 € → K =	5 P	44 € von 200 € → p =	22 S
$144 : 12 \cdot 1 =$	12 R	$(-5,5) \cdot 3 + 4,5 =$	−12 K
$(-5,5) \cdot (-20) - 22 =$	88 Ü	$200 : (-5) - 5 \cdot 5 =$	−65 E
$(-5,5) \cdot 20 + 22 =$	−88 C	$6,5x = -78 \to x =$	−12 K
$-0,2 \cdot 110 =$	−22 H	$220 : 11 + 11 - 9 =$	22 S
$-195 : 3 =$	−65 E	$-2\,000 : 4 + 5 \cdot 70 =$	−150 A
$4x = -100 \to x =$	−25 G	$2,5 \cdot 26 =$	65 U
$0,005 \cdot (-1\,000) =$	−5 L	$(-2) \cdot (-12,5) =$	25 T
$2\,000 - 1\,350 - 562 =$	88 Ü	$390 : 30 - 20 + 7 =$	0 O
$(-15) \cdot 5 - 13 =$	−88 C	$2,4 = 20 \% \to K =$	12 R

Die SPRÜCHE in den Glückskeksen werden von einem/einer
GLÜCKSKEKSAUTOR/in geschrieben.

Das Übungsheft Mathematik 8 – Lösungen (Seite 54–57)

1 Bestimme die Zahlenpaare so, dass sie Lösung der angegebenen Gleichung sind.

Gleichung	x	y	Zahlenpaar
$y = 0{,}5x + 2{,}5$	3	4	(3 | 4)
$y = \frac{1}{4}x - 3$	6	−1,5	(6 | −1,5)

2 Zeichne die Graphen des linearen Gleichungssystems in das Koordinatensystem ein und gib die Lösung an.

(1) $y = 4x - \frac{1}{2}$ (2) $y = 0{,}5x + 3$

(1) $y = x + 0{,}5$ (2) $y = 2x - 1{,}5$

Lösung: (_1_ | _3,5_)

Lösung: (_2_ | _2,5_)

3 Ergänze die Wertetabellen. Umrahme das Zahlenpaar, das die Lösung der angegebenen Gleichungen bildet.

(1) $y = -4x + 5$

x	−4	−3	−2	−1	0	1	2
y	21	17	13	9	5	1	3

(2) $y = -6x + 1$

x	−4	−3	−2	−1	0	1	2
y	25	19	13	7	1	−5	−11

Lösung: (_−2_ | _13_)

4 Fülle die Tabelle aus.
Clara schließt einen Ratensparvertrag über 5 Jahre ab. Die jährliche Sparrate beträgt 300 €, der Zinssatz 1,2 %.

Jahr	Kapital am Jahresanfang	Zinsen	Kapital am Jahresende
1	300 €	3,60 €	303,60 €
2	603,60 €	7,24 €	610,84 €
3	910,84 €	10,93 €	921,77 €
4	1 221,77 €	14,66 €	1 236,43 €
5	1 536,43 €	18,44 €	1 554,87 €

5
$$\frac{5}{x+3} = -1 \quad | \cdot (x+3)$$
$$\frac{5}{x+3} \cdot (x+3) = -1 \cdot (x+3)$$
$$5 = -1x - 3 \quad | +3$$
$$8 = -x \quad | :(-1)$$
$$-8 = x$$

6
$$\frac{4}{2x} - \frac{1}{2} = \frac{3}{x} \quad | \cdot 2x$$
$$\frac{4}{2x} \cdot 2x - \frac{1}{2} \cdot 2x = \frac{3}{x} \cdot 2x$$
$$4 - x = 6 \quad | -4$$
$$-x = 2 \quad | :(-1)$$
$$x = -2$$

7
$$\frac{2}{3x-4} = 4 \quad | \cdot (3x - 4)$$
$$\frac{2}{3x-4} \cdot (3x-4) = 4 \cdot (3x-4)$$
$$2 = 12x - 16 \quad | +16$$
$$18 = 12x \quad | :12$$
$$1{,}5 = x$$

8
$$\frac{6}{6x} + 9 = \frac{46}{x} \quad | \cdot 6x$$
$$\frac{6}{6x} \cdot 6x + 9 \cdot 6x = \frac{46}{x} \cdot 6x$$
$$6 + 54x = 276 \quad | -6$$
$$54x = 270 \quad | :54$$
$$x = 5$$

Du hast ___ Aufgaben richtig gelöst.

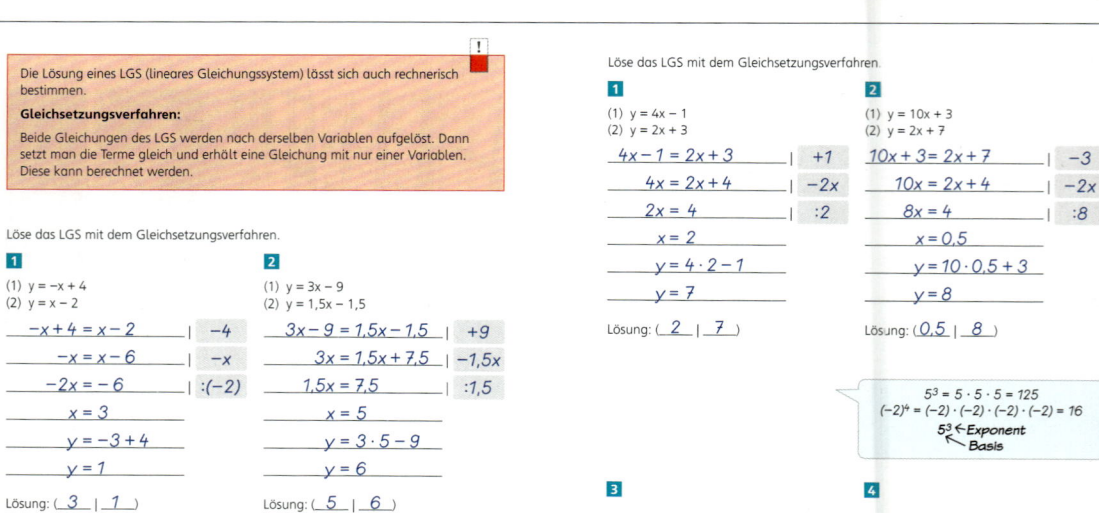

Die Lösung eines LGS (lineares Gleichungssystem) lässt sich auch rechnerisch bestimmen.

Gleichsetzungsverfahren:

Beide Gleichungen des LGS werden nach derselben Variablen aufgelöst. Dann setzt man die Terme gleich und erhält eine Gleichung mit nur einer Variablen. Diese kann berechnet werden.

Löse das LGS mit dem Gleichsetzungsverfahren.

1
(1) $y = -x + 4$
(2) $y = x - 2$
$$-x + 4 = x - 2 \quad | -4$$
$$-x = x - 6 \quad | -x$$
$$-2x = -6 \quad | :(-2)$$
$$x = 3$$
$$y = -3 + 4$$
$$y = 1$$
Lösung: (_3_ | _1_)

2
(1) $y = 3x - 9$
(2) $y = 1{,}5x - 1{,}5$
$$3x - 9 = 1{,}5x - 1{,}5 \quad | +9$$
$$3x = 1{,}5x + 7{,}5 \quad | -1{,}5x$$
$$1{,}5x = 7{,}5 \quad | :1{,}5$$
$$x = 5$$
$$y = 3 \cdot 5 - 9$$
$$y = 6$$
Lösung: (_5_ | _6_)

3 Berechne die Wahrscheinlichkeit. Gib als Bruch und in Prozent an.

Die Wahrscheinlichkeit, bei einmaligem Würfeln …

… eine Zahl zu erhalten, die keine „2" ist: $P = \frac{5}{6} \approx 0{,}833 = 83{,}3\,\%$

… eine Zahl zu erhalten, die kleiner ist als 4: $P = \frac{3}{6} = \frac{1}{2} = 50\,\%$

… eine Primzahl zu erhalten: $P = \frac{3}{6} = \frac{1}{2} = 50\,\%$

… eine „5" zu erhalten: $P = \frac{1}{6} \approx 0{,}177 = 17{,}7\,\%$

… eine „1" oder eine „6" zu erhalten: $P = \frac{2}{6} \approx 0{,}333 = 33{,}3\,\%$

Löse das LGS mit dem Gleichsetzungsverfahren.

1
(1) $y = 4x - 1$
(2) $y = 2x + 3$
$$4x - 1 = 2x + 3 \quad | +1$$
$$4x = 2x + 4 \quad | -2x$$
$$2x = 4 \quad | :2$$
$$x = 2$$
$$y = 4 \cdot 2 - 1$$
$$y = 7$$
Lösung: (_2_ | _7_)

2
(1) $y = 10x + 3$
(2) $y = 2x + 7$
$$10x + 3 = 2x + 7 \quad | -3$$
$$10x = 2x + 4 \quad | -2x$$
$$8x = 4 \quad | :8$$
$$x = 0{,}5$$
$$y = 10 \cdot 0{,}5 + 3$$
$$y = 8$$
Lösung: (_0,5_ | _8_)

$$5^3 = 5 \cdot 5 \cdot 5 = 125$$
$$(-2)^4 = (-2) \cdot (-2) \cdot (-2) \cdot (-2) = 16$$
$$5^3 \leftarrow \text{Exponent}$$
$$\quad \nwarrow \text{Basis}$$

3
$(-3)^3 = \underline{(-3) \cdot (-3) \cdot (-3)} = -27$
$6^2 = \underline{6 \cdot 6} = 36$
$4^5 = \underline{4 \cdot 4 \cdot 4 \cdot 4} = 1024$
$2^6 = \underline{2 \cdot 2 \cdot 2 \cdot 2 \cdot 2} = 64$
$(-5)^2 = \underline{(-5) \cdot (-5)} = 25$
$(-1)^4 = \underline{(-1) \cdot (-1) \cdot (-1) \cdot (-1)} = 1$
$8^3 = \underline{8 \cdot 8 \cdot 8} = 512$
$(-12)^2 = \underline{(-12) \cdot (-12)} = 144$
$10^4 = \underline{10 \cdot 10 \cdot 10 \cdot 10} = 10\,000$
$(-5)^1 = \underline{-5}$

4
$3 \cdot 3 \cdot 3 = \underline{3^3}$
$5 \cdot 5 \cdot 5 \cdot 5 = \underline{5^4}$
$2 \cdot 2 \cdot 2 \cdot 2 \cdot 2 = \underline{2^5}$
$8 \cdot 8 \cdot 8 \cdot 8 = \underline{8^4}$
$0{,}7 \cdot 0{,}7 \cdot 0{,}7 \cdot 0{,}7 \cdot 0{,}7 = \underline{(0{,}7)^5}$
$1{,}5 \cdot 1{,}5 \cdot 1{,}5 = \underline{(1{,}5)^3}$
$\frac{1}{4} \cdot \frac{1}{4} \cdot \frac{1}{4} \cdot \frac{1}{4} \cdot \frac{1}{4} = \underline{(\frac{1}{4})^5}$
$(-3) \cdot (-3) \cdot (-3) \cdot (-3) = \underline{(-3)^4}$
$12 \cdot 12 \cdot 12 \cdot 12 \cdot 12 \cdot 12 = \underline{12^6}$
$10{,}3 \cdot 10{,}3 \cdot 10{,}3 = \underline{(10{,}3)^3}$

Einsetzungsverfahren:

Eine Gleichung des LGS wird nach einer Variablen aufgelöst. Diese setzt man in die zweite Gleichung ein und erhält somit eine Gleichung mit nur einer Variablen. Die Variable kann nun berechnet werden.

Löse das LGS mit dem Einsetzungsverfahren.

1

(1) $6x + y = 10$
(2) $2y + 3x = 2$

$$6x + y = 10 \quad | -6x$$
$$y = 10 - 6x$$
$$2y + 3x = 2$$
$$2 \cdot (10 - 6x) + 3x = 2$$
$$20 - 12x + 3x = 2$$
$$20 - 9x = 2 \quad | -20$$
$$-9x = -18 \quad | :(-9)$$
$$x = 2$$
$$y = 10 - 6x$$
$$y = 10 - 6 \cdot 2$$
$$y = -2$$

Lösung: (2 | −2)

2

(1) $4x + y = 7$
(2) $3y + 2x = 11$

$$4x + y = 7 \quad | -4x$$
$$y = 7 - 4x$$
$$3y + 2x = 11$$
$$3 \cdot (7 - 4x) + 2x = 11$$
$$21 - 12x + 2x = 11$$
$$21 - 10x = 11 \quad | -21$$
$$-10x = -10 \quad | :(-10)$$
$$x = 1$$
$$y = 7 - 4x$$
$$y = 7 - 4 \cdot 1$$
$$y = 3$$

Lösung: (1 | 3)

3 Berechne die Wahrscheinlichkeit, die Zahl „5" zu ziehen und die Wahrscheinlichkeit, eine durch 3 teilbare Zahl zu ziehen. Gib als Bruch und in Prozent an.

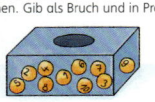

$$P = \frac{1}{10} = \frac{10}{100} = 10\%$$

$$P = \frac{3}{10} = \frac{30}{100} = 30\%$$

> **Quadratzahlen:** Potenzen mit dem Exponenten 2, z. B. 5^2; $0{,}4^2$
> **Quadrieren:** Eine Zahl mit sich selbst multiplizieren, z. B. $5 \cdot 5$
> **Wurzelziehen:** Umkehrung des Quadrierens, z. B. $\sqrt{25} = 5$, denn $5 \cdot 5 = 25$

Bestimme die Quadratwurzeln im Kopf. Versuche, sie auswendig zu lernen.

1

$\sqrt{1}$ = 1, denn $1 \cdot 1 = 1$
$\sqrt{4}$ = 2, denn $2 \cdot 2 = 4$
$\sqrt{9}$ = 3, denn $3 \cdot 3 = 9$
$\sqrt{16}$ = 4, denn $4 \cdot 4 = 16$
$\sqrt{25}$ = 5, denn $5 \cdot 5 = 25$
$\sqrt{36}$ = 6, denn $6 \cdot 6 = 36$
$\sqrt{49}$ = 7, denn $7 \cdot 7 = 49$
$\sqrt{64}$ = 8, denn $8 \cdot 8 = 64$
$\sqrt{81}$ = 9, denn $9 \cdot 9 = 81$
$\sqrt{100}$ = 10, denn $10 \cdot 10 = 100$

2

$\sqrt{121}$ = 11, denn $11 \cdot 11 = 121$
$\sqrt{144}$ = 12, denn $12 \cdot 12 = 144$
$\sqrt{169}$ = 13, denn $13 \cdot 13 = 169$
$\sqrt{196}$ = 14, denn $14 \cdot 14 = 196$
$\sqrt{225}$ = 15, denn $15 \cdot 15 = 225$
$\sqrt{256}$ = 16, denn $16 \cdot 16 = 256$
$\sqrt{289}$ = 17, denn $17 \cdot 17 = 289$
$\sqrt{324}$ = 18, denn $18 \cdot 18 = 324$
$\sqrt{361}$ = 19, denn $19 \cdot 19 = 361$
$\sqrt{400}$ = 20, denn $20 \cdot 20 = 400$

3 Wie hoch ist die Wahrscheinlichkeit, dass Neujahr auf den 1. Januar fällt?

Die Wahrscheinlichkeit beträgt 100 %.

Löse das LGS mit dem Einsetzungsverfahren.

4

(1) $y + \frac{1}{2}x = 7$
(2) $2x - 4y = -4$ Lösung: (6 | 4)

5

(1) $3x + 6y = 3$
(2) $4x = y - 14$ Lösung: (−3 | 2)

6

(1) $2y = x - 3$
(2) $4x - 5 = y$ Lösung: (1 | −1)

7

(1) $x - 2y = -11{,}5$
(2) $-6{,}5 - y = 3x$ Lösung: (−3,5 | 4)

Additionsverfahren:

Eine oder beide Gleichungen des LGS werden so umgeformt, dass die Zahlen vor einer Variablen Gegenzahlen voneinander sind (z. B. 6 und −6, 2 und −2). Die Gleichungen werden addiert und die Gegenzahlen fallen weg. Man erhält somit eine Gleichung mit nur einer Variablen. Diese Variable kann nun berechnet werden.

Löse das LGS mit dem Additionsverfahren.

1

(1) $3x + 2y = 7$
(2) $2x + 3y = 8$

(1) $\quad 3x + 2y = 7 \quad | \cdot 2$
(2) $\quad 2x + 3y = 8 \quad | \cdot (-3)$

(1) $\quad 6x + 4y = 14$
(2) $\quad -6x - 9y = -24$

(1) $\quad\quad -5y = -10 \quad | :(-5)$
(2) $\quad -6x - 9y = -24$

(1) $\quad\quad y = 2$
(2) $-6x - 9 \cdot 2 = -24$

(1) $\quad\quad y = 2$
(2) $-6x - 18 = -24 \quad | +18$

(1) $\quad\quad y = 2$
(2) $\quad -6x = -6 \quad | :(-6)$

(1) $\quad\quad y = 2$
(2) $\quad\quad x = 1$

2

(1) $x + 3y = 11$
(2) $2x + 4y = 16$

(1) $\quad x + 3y = 11 \quad | \cdot 2$
(2) $2x + 4y = 16 \quad | \cdot (-1)$

(1) $\quad 2x + 6y = 22$
(2) $-2x - 4y = -16$

(1) $\quad\quad 2y = 6 \quad | :2$
(2) $-2x - 4y = -16$

(1) $\quad\quad y = 3$
(2) $-2x - 4 \cdot 3 = -16$

(1) $\quad\quad y = 3$
(2) $-2x - 12 = -16 \quad | +12$

(1) $\quad\quad y = 3$
(2) $\quad -2x = -4 \quad | :(-2)$

(1) $\quad\quad y = 3$
(2) $\quad\quad x = 2$

---

1 Berechne die Wahrscheinlichkeit. Gib als Bruch und in Prozent an.

In einer Lostrommel sind 200 Lose, davon 80 Gewinne und 120 Nieten.

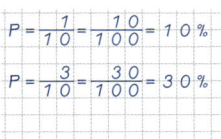

Wie hoch ist die Wahrscheinlichkeit,

... einen Gewinn zu ziehen: $P = \frac{80}{200} = \frac{40}{100} = 40\%$

... eine Niete zu ziehen: $P = \frac{120}{200} = \frac{60}{100} = 60\%$

... einen Gewinn zu ziehen, nachdem der Veranstalter noch 20 Gewinnlose hinzugefügt hat: $P = \frac{100}{220} \approx 0{,}455 = 45{,}5\%$

Löse das LGS mit dem Additionsverfahren.

2

(1) $-4x + 2y = -6$
(2) $x + 2y = 4$

Lösung: (2 | 1)

3

(1) $3x + 5y = 11{,}5$
(2) $4x - 3y = -4$

Lösung: (0,5 | 2)

4

(1) $10x - 2y = 9$
(2) $5x - y = 4{,}5$

Lösung: (1,5 | 3)

5

(1) $4x + 2y = 14$
(2) $2x - y = 5$

Lösung: (3 | 1)

6 Bestimme die Quadratwurzeln näherungsweise.

$\sqrt{6}$: zwischen $\sqrt{4}$ und $\sqrt{9}$ → zwischen 2 und 3
$\sqrt{20}$: zwischen $\sqrt{16}$ und $\sqrt{25}$ → zwischen 4 und 5
$\sqrt{34}$: zwischen $\sqrt{25}$ und $\sqrt{36}$ → zwischen 5 und 6
$\sqrt{85}$: zwischen $\sqrt{81}$ und $\sqrt{100}$ → zwischen 9 und 10
$\sqrt{130}$: zwischen $\sqrt{121}$ und $\sqrt{144}$ → zwischen 11 und 12

$\sqrt{8} \cdot \sqrt{18} = \sqrt{8 \cdot 18} = \sqrt{144} = 12$

Berechne.

1

$\sqrt{3} \cdot \sqrt{12} = \underline{\sqrt{3 \cdot 12} = \sqrt{36} = 6}$

$\sqrt{5} \cdot \sqrt{20} = \underline{\sqrt{5 \cdot 20} = \sqrt{100} = 10}$

$\sqrt{5} \cdot \sqrt{45} = \underline{\sqrt{5 \cdot 45} = \sqrt{225} = 15}$

$\sqrt{3} \cdot \sqrt{48} = \underline{\sqrt{3 \cdot 48} = \sqrt{144} = 12}$

2

$\sqrt{8} \cdot \sqrt{\underline{8}} = \underline{\sqrt{8 \cdot 8} = \sqrt{64}} = 8$

$\sqrt{3} \cdot \sqrt{27} = \underline{\sqrt{3 \cdot 27} = \sqrt{81}} = 9$

$\sqrt{10} \cdot \sqrt{\underline{10}} = \underline{\sqrt{10 \cdot 10} = \sqrt{100}} = 10$

$\sqrt{\underline{5}} \cdot \sqrt{80} = \underline{\sqrt{5 \cdot 80} = \sqrt{400}} = 20$

3 Berechne die Wahrscheinlichkeit.
Gib als Bruch und in Prozent an.

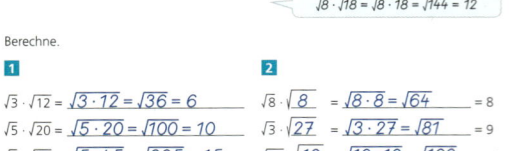

Wie hoch ist die Wahrscheinlichkeit, dass

… der Zeiger auf ein rotes Feld zeigt: $P = \underline{\frac{2}{8} = \frac{1}{4} = 25\%}$

… der Zeiger auf ein blaues Feld zeigt: $P = \underline{\frac{1}{8} = 0,125 = 12,5\%}$

… der Zeiger auf ein gelbes Feld zeigt: $P = \underline{\frac{1}{8} = 0,125 = 12,5\%}$

… der Zeiger auf ein grünes Feld zeigt: $P = \underline{\frac{4}{8} = \frac{1}{2} = 50\%}$

4

+	3,5	8,25	1,4	0,6
9,2	12,7	17,45	10,6	9,8
5,31	8,81	13,56	6,71	5,91
0,89	4,39	9,14	2,29	1,49
13	16,5	21,25	14,4	13,6
0,09	3,59	8,34	1,49	0,69
Summe der Ergebnisse	45,99	69,74	35,49	31,49

Rätselseite

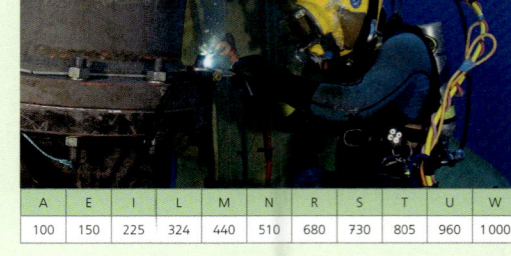

A	E	I	L	M	N	R	S	T	U	W
100	150	225	324	440	510	680	730	805	960	1000

$(-6) \cdot (-160) =$	960	U	$0,5x - 20 = 200 \to x =$	440	M
$\frac{1}{4}x = 127,5 \to x =$	510	N	$\frac{1}{3}(5 \cdot 90) =$	150	E
$5\% = 40,25\, € \to K =$	805	T	$8^3 + 300 - 7 =$	805	T
$5^2 \cdot 6 =$	150	E	$\frac{1}{4} \cdot 20^2 =$	100	A
$15^2 + 20^2 + 55 =$	680	R	$12\% = 38,88\, € \to K =$	324	L
$500\, €$ von $50\, € \to p =$	1000	W	$(-54) \cdot (-6) =$	324	L
$-3000 : 60 \cdot (-2) =$	100	A	$1000 - 5 \cdot 39 =$	805	T
$10^3 - 30 \cdot 9 =$	730	S	$2000 : 4 - 5 \cdot 70 =$	150	E
$30\% = 219\, € \to K =$	730	S	$13^2 + 14 \cdot 4 =$	225	I
$22 \cdot 8 - 52 : 2 =$	150	E	$18^2 =$	324	L
$15^2 \cdot 2 + 14^2 + 34 =$	680	R	$630 : 3 - 20 \cdot 3 =$	150	E

U N T E R W A S S E R -Schweißer und -Schweißerinnen schweißen
M E T A L L T E I L E an Schiffsrümpfen, Hafenanlagen oder
Bohrinseln unter Wasser.

Mathe-fit-Test 6

Löse das LGS mit dem Gleichsetzungsverfahren.

1

(1) $y = 7x - 1$
(2) $y = -4x + 4,5$

Lösung: ($\underline{0,5}$ | $\underline{2,5}$)

2

(1) $y = 2x - 3$
(2) $y = x - 2$

Lösung: ($\underline{1}$ | $\underline{-1}$)

Löse das LGS mit dem Einsetzungsverfahren.

3

(1) $3,5x + y = 9$
(2) $4y - 3x = 2$

Lösung: ($\underline{2}$ | $\underline{2}$)

4

(1) $2x - 0,5y = 5$
(2) $1,5y - 3x = -3$

Lösung: ($\underline{4}$ | $\underline{6}$)

Löse das LGS mit dem Additionsverfahren.

5

(1) $4x + 2y = 10$
(2) $3x - 4y = -9$

Lösung: ($\underline{1}$ | $\underline{3}$)

6

(1) $3x + 3y = 33$
(2) $x - 2y = -7$

Lösung: ($\underline{5}$ | $\underline{6}$)

7 Wie hoch ist die Wahrscheinlichkeit, mit einem Spielwürfel eine 7 zu würfeln?

Die Wahrscheinlichkeit beträgt $\underline{0}$ %.

8

$5^4 = \underline{5 \cdot 5 \cdot 5 \cdot 5 = 625}$

$7^3 = \underline{7 \cdot 7 \cdot 7 = 343}$

9

$(-2)^5 = \underline{(-2) \cdot (-2) \cdot (-2) \cdot (-2) \cdot (-2) = -32}$

$(-4)^3 = \underline{(-4) \cdot (-4) \cdot (-4) = -64}$

Du hast ☐ Aufgaben richtig gelöst.

Mathe-fit-Test 1 · S. 14/15

Mathe-fit-Test 2 · S. 24/25

Mathe-fit-Test 3 · S. 34/35

Mathe-fit-Test 4 · S. 44/45

Mathe-fit-Test 5 · S. 54/55

Mathe-fit-Test 6 · S. 64

Försterei-stand

Die runden Sticker sind keine Sticker fürs Wimmelbild. Benutze sie, wie du möchtest.

Mit diesem Heft übt:

Buch +

Lesetexte für leseungeübte Schülerinnen und Schüler ab Klasse 5

Die Bücher der Reihe „Buch+" erreichen die Schüler über starke Themen, die in gut geschriebenen Texten präsentiert werden.

Jeder Band enthält mehrere unabhängige Texte zum selben Thema.

Merkmale der Reihe:

* gut lesbare Schrift, Silbierung, zielgruppengerechtes Layout
* einfache Sprache, kurze Kapitel
* zahlreiche auflockernde visuelle Elemente (Fotos, Illustrationen, Schaubild

Buch + je vierf., Br, 15,2 x 21,5 cm

Ins Netz gegangen, 96 S. – ISBN 978-3-619-05424-4

Der Kick zur Freundschaft, 96 S. – ISBN 978-3-619-05426-8

Highway to Hamburg, 128 S. – ISBN 978-3-619-05420-6

Zack und die Sache mit Benni, 128 S. – ISBN 978-3-619-05422-0

Sparpaket Buch+ Komplettbezug Band 1–4

Print	ISBN 978-3-619-05428-2
Digital-Lizenz, 120 Monate	ISBN 978-3-619-92309-0
Print & Digital	ISBN 978-3-619-92478-3

www.mildenberger-verlag.de/630

Mehr als ein Job

Die Welt der Berufe kennenlernen

Arbeit ist für Kinder und Jugendliche eine bekannte Größe in ihrem Alltag Aber was es bedeutet, einen bestimmten Beruf auszuüben, davon haben viele Kinder und Jugendliche keine genaue Vorstellung. Diese neue Reihe soll gut verständliche Informationen auf einem sprachlich möglichst einfachen Niveau vermitteln.

Mehr als ein Job je 64 S., vierf., FeEbd, 17 x 23,5 cm

Berufe mit vielen Menschen (Lehrer, Gastronom, Politiker, Journalist, Arzt)
ISBN 978-3-619-16230-7

Berufe mit Risiko (Gerüstbauer, Polizist, Kampfmittelbeseitiger,
Feuerwehrmann, Vulkanologe)
ISBN 978-3-619-16231-4

www.mildenberger-verlag.de/823

kurz|gut|silbiert – leichter lesen mit Silber

Lesetexte ab Klasse 5

Jeder Band enthält mehrere abgeschlossene, spannende Kurzgeschichten, die sich immer um ein Thema drehen. Die Länge der Texte und das sprachliche Niveau sind so gestaltet, dass selbst schwache Leserinnen und Leser nicht überfordert werden.

Außerdem sind Multiple-Choice-Fragen zu jeder Geschichte enthalten, die das Leseverständnis abfragen. Passende Sachtexte zu den Geschichten machen jeden Band aus der Lesebuchreihe „kurz|gut|silbiert" einfach zu einer runden Sache.

kurz|gut|silbiert je vierf., FeEbd, 15,2 x 21,5 cm

Band 1: Tierische Helden, 128 S. – ISBN 978-3-619-05430-5

Band 2: Coole Freundschaften, 120 S. – ISBN 978-3-619-05431-2

Band 3: Unglaublich und fabelhaft, 120 S. – ISBN 978-3-619-05432-9

Sparpaket kurz/gut/silbiert Komplettbezug Band 1–3

Print	ISBN 978-3-619-05433-6
Digital-Lizenz, 120 Monate	ISBN 978-3-619-92310-6
Print & Digital	ISBN 978-3-619-92479-0

www.mildenberger-verlag.de/631

Das Übungsheft Mathematik 8 (8504-54)

D	E	I	K	L	N	R	S	T	U
−1000	−870	−640	−310	−108	36	74	168	324	550

$\frac{1}{2} \cdot (-3\,000) + 2 \cdot 430 =$

792 € von 2 200 € → p =

$-\frac{1}{8}x = 125 \rightarrow x =$

5,5 % von 10 000 =

$(-21) \cdot (-8) =$

x : 3 + 12 = 120 → x =

14 · 4 + 6 · 3 =

$(-990 - 290) \cdot \frac{1}{2} =$

2 · (−315) + (−110 − 130) =

5 · (−62) =

−807 + 3 · 233 =

5 · (−160) − 2 · 35 =

15 % ≙ 48,60 € → K =

(−0,5) · (−660) − 24 : 4 =

1,5 · (−210 − 320) − 75 =

8 % von 925 =

(−2 500) : 4 − (5 · 49) =

3x − 23 = 199 → x =

504 € von 300 € → p =

3 · (−290) =

(−1 600) : 2,5 =

$\frac{2}{3}x = -72 \rightarrow x =$

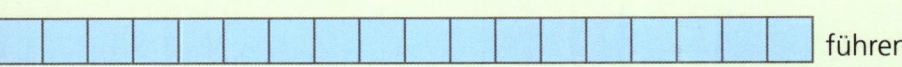 führen

Wartungs- und Reparaturarbeiten in großen Höhen aus. Sie sind dabei nur durch

ein 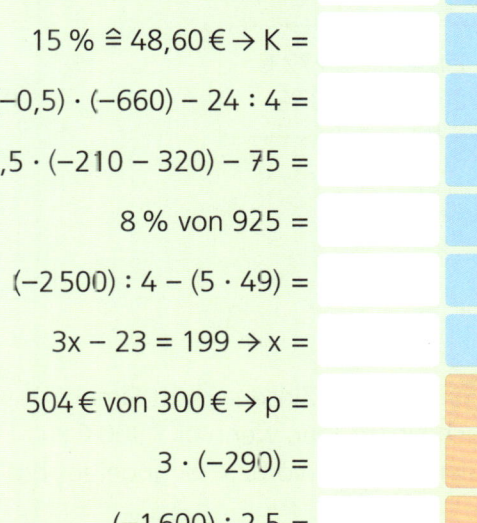 gesichert.

1 Berechne die Zinsen mit Formel oder Dreisatz.

Kapital: 1 300 €
Zinssatz: 1,7 %

2 Berechne den Zinssatz mit Formel oder Dreisatz.

Kapital: 21 000 €
Zinsen: 672 €

3 Berechne das Kapital mit Formel oder Dreisatz.

Zinsen: 2 772 €
Zinssatz: 6,3 %

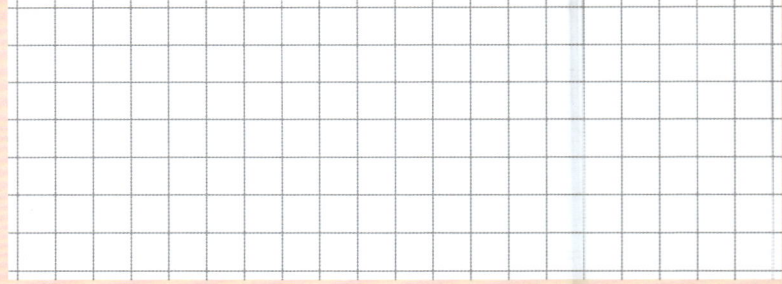

4 Wie viele Zinsen erhält Simon nach einem Jahr, wenn er 3 300 € zu einem Zinssatz von 2,4 % angelegt hat?

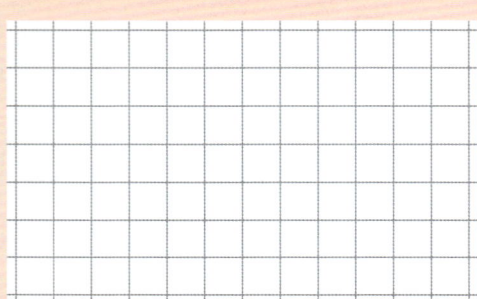

5 Wie viel Geld hat Ali angelegt, wenn er einen Zinssatz von 2,1 % bekommt und nach einem Jahr 113,40 € Zinsen erhält?

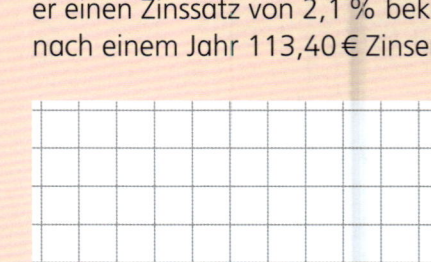

6 Schreibe die binomischen Formeln auf.

1. binomische Formel: _____

2. binomische Formel: _____

3. binomische Formel: _____

7 Wende jeweils eine der drei binomischen Formeln an.

$(a + 2b)(a - 2b) =$ _____

$(3s - 6t)^2 =$ _____

$(8\,m + 2n)^2 =$ _____

$(11 + x)(11 - x) =$ _____

8 Löse die Klammern auf und vereinfache.

$(x - 5)^2 - (2y + 4x) =$ _____

$(s + 3t)^2 + (s - 4t) \cdot 8 =$ _____

$(a + 6)(a - 6) + (4a + b)^2 =$ _____

9 Faktorisiere.

$x^2 - 22x + 121 =$ _____

$a^2 + 14a + 49 =$ _____

10 Welche Gerade gehört zu welcher Gleichung?

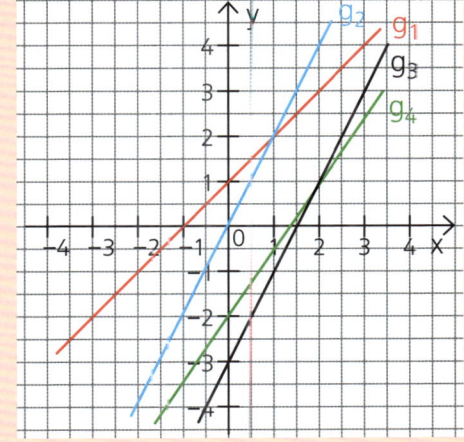

$y = 2x:$ _____

$y = 1,5x - 2:$ _____

$y = x + 1:$ _____

$y = 2x - 3:$ _____

Du hast ☐ Aufgaben richtig gelöst.

!

Berechnen einer Geradengleichung:

Eine Gerade g geht durch die Punkte P_1 (1 | 5) und P_2 (3 | 1).

1. Berechnen der Steigung **m**:

$$m = \frac{y_2 - y_1}{x_2 - x_1} \qquad m = \frac{1-5}{3-1} = -\frac{4}{2} = -2$$

2. Berechnen des y-Achsenabschnitts **c**:

   Einsetzen von m = −2 und P_1 (1 | 5) oder P_2 (3 | 1) in y = m · x + c

   5 = −2 · 1 + **c** | +2

   c = 7

3. Aufstellen der **Funktionsgleichung**:

   y = m · x + c $\qquad$ y = −2 · x + 7

---

1 Berechne c und m und stelle dann die Funktionsgleichung auf.

P_1 (3 | 2) P_2 (4 | 1)

1. Berechnen der Steigung **m**:

$$m = \frac{y_2 - y_1}{x_2 - x_1} \qquad m = \frac{\underline{}}{\underline{}} = -\frac{\underline{}}{\underline{}} = \boxed{}$$

2. Berechnen des y-Achsenabschnitts **c**:

   y = m · x + c

   $\underline{}$ = $\underline{}$ | $\boxed{}$

   c = $\boxed{}$

3. Aufstellen der **Funktionsgleichung**:

   y = $\underline{}$

---

2 Löse die Klammern auf und vereinfache.

$(3x + 2y)^2 - (5x + 8) = \underline{}$

$(4 - x)^2 + 3(2x - y) = \underline{}$

$6 - (5s + t)(5s - t) = \underline{}$

$8(a - 2b) + 4a - b = \underline{}$

$(x - 4y)(x + 4y) - x(x - y) = \underline{}$

$(7p + 4)^2 - p(5 - p) = \underline{}$

1 Berechne c und m und stelle dann die Funktionsgleichung auf.

$P_1 (-2 \mid 3) \quad P_2 (4 \mid 6)$

1. Berechnen der Steigung **m**:

2. Berechnen des y-Achsenabschnitts **c**:

3. Aufstellen der **Funktionsgleichung**:

1. Klammern auflösen
2. Auf beiden Seiten zusammenfassen
3. Gleichung lösen

Löse die Gleichungen durch Umformen.

2

$27 + (4 - x) = 11$

$x =$

3

$-(2x + 5) + 15x = 21$

$x =$

4

$-3 + (x + 5) = 6 - (4x - 6)$

$x =$

5

$8(6 - x) = x + (6 - 2x)$

$x =$

!

Monatszinsen: **Tageszinsen:**

$Z = \dfrac{K \cdot p \cdot m}{100 \cdot 12}$ $Z = \dfrac{K \cdot p \cdot t}{100 \cdot 360}$

m = Monate   t = Tage

1 Berechne jeweils die Zinsen.

Kapital K	Zinssatz p	Zeitraum m/t	Zinsen Z
20 000 €	5 %	4 m	
5 000 €	3,5 %	7 m	
350 €	2 %	100 t	
20 €	4,8 %	250 t	

2

$$-2 = -6 + (2x - 10)$$

_____

_____ |

_____ |

x =

3

$$4(x + 2) = 7x + 2$$

_____ |

_____ |

_____ |

x =

4

$$5(4x + 3) = 10(x + 2) - 15$$

_____

_____ |

_____ |

_____ |

x =

5

$$(7x + 4) \cdot 3 = 5(5x - 2) + 2$$

_____

_____ |

_____ |

_____ |

x =

Löse die Gleichungen durch Umformen.

1

$27 - x + x(x - 3) = (x + 9)(x - 9)$

_____

_____| [ ]

_____| [ ]

_____| [ ]

$x =$ [ ]

2

$(x + 5)^2 = x^2 - 20$

_____

_____| [ ]

_____| [ ]

_____| [ ]

$x =$ [ ]

3

$x^2 - (x + 2)(x - 2) = 8(6 - 2x) - 4$

_____

_____

_____| [ ]

_____| [ ]

$x =$ [ ]

4

$11(x + 5) = (x + 7)^2 - x^2$

_____

_____| [ ]

_____| [ ]

_____| [ ]

$x =$ [ ]

5 Lies die Punkte P_1 und P_2 am Steigungsdreieck ab. Berechne dann c und m und stelle die Funktionsgleichung auf.

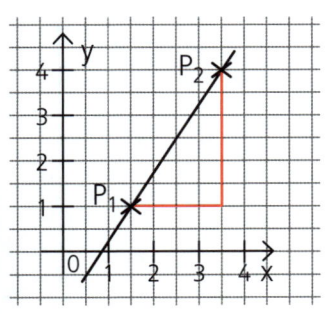
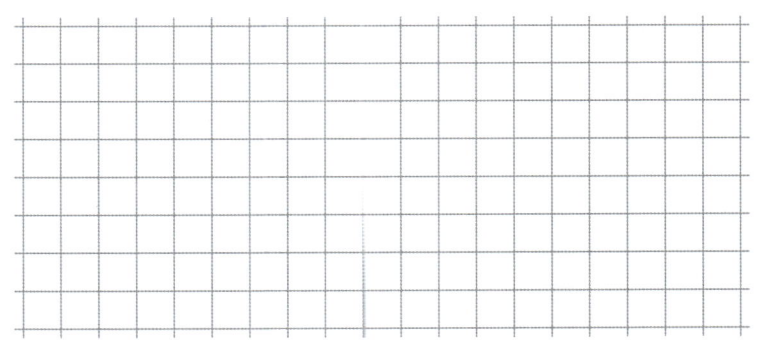

Funktionsgleichung: _____

!

Die Probe:

Setze in die erste Zeile der Gleichung für x deine Zahl ein und rechne mit diesem Wert auf beiden Seiten des Gleichheitszeichens. Erhältst du jeweils dieselbe Zahl, dann hast du für x die richtige Zahl gefunden!

$$12\,(x-2) = (x+1)^2 \qquad x = 5$$
$$12\,(5-2) = (5+1)^2$$
$$12 \cdot 3 = 6^2$$
$$36 = 36 \checkmark$$

Löse die Gleichungen durch Umformen. Überprüfe das Ergebnis mit der Probe.

1

$$2\,(x+3) - 7 = 3 + (4x+2)$$

_____

_____ |

_____ |

_____ |

x =

Probe:

$$2\,(x+3) - 7 = 3 + (4x+2)$$

_____

_____

2

$$5 + (x+1) = 8 - (x-2)$$

_____

_____ |

_____ |

_____ |

x =

Probe:

$$5 + (x+1) = 8 - (x-2)$$

_____

_____

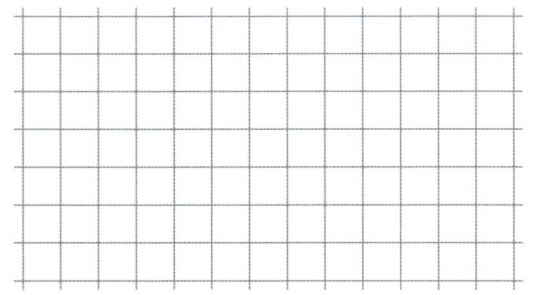 **3**   Frau Weiss überzieht ihr Konto um 3 200 €. Wie viel Zinsen bezahlt sie für 8 Monate bei einem Zinssatz von 9,5 %?

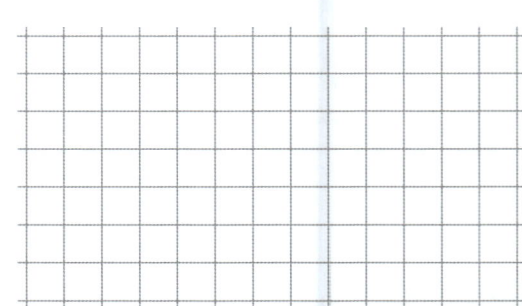 **4**   Paul erhält für 1 800 € nach 11 Monaten 66 € Zinsen. Zu welchem Zinssatz hatte er sein Geld angelegt?

1 Lies die Punkte P_1 und P_2 am Steigungsdreieck ab. Berechne dann c und m und stelle die Funktionsgleichung auf.

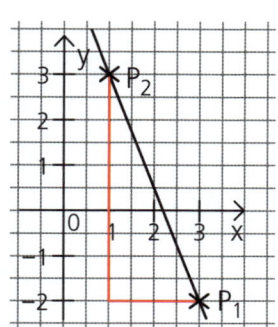

Funktionsgleichung: _____

Löse die Gleichungen durch Umformen. Überprüfe das Ergebnis mit der Probe.

2

$x(x - 8) = (x - 5)(x + 5) + 1$

3

$10 + (2x - 3) = 11 - (-6 - 3x)$

4 Herr Katz möchte für 100 Tage einen Kredit über 15 000 € aufnehmen. Welches Angebot ist günstiger?

A

Günstiges Angebot
Zinssatz: 7,5 %
einmalige
Bearbeitungsgebühr:
0,6 %

B

Schnellkredit
zuverlässig und
unbürokratisch!
Zinssatz: 9,1 %

Angebot _____ ist günstiger.

1 Lies die Punkte P_1 und P_2 am Steigungsdreieck ab. Berechne dann c und m und stelle die Funktionsgleichung auf.

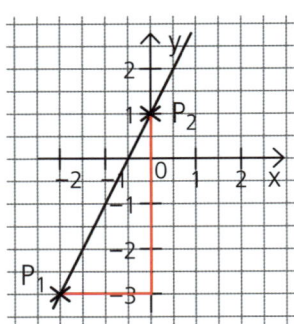 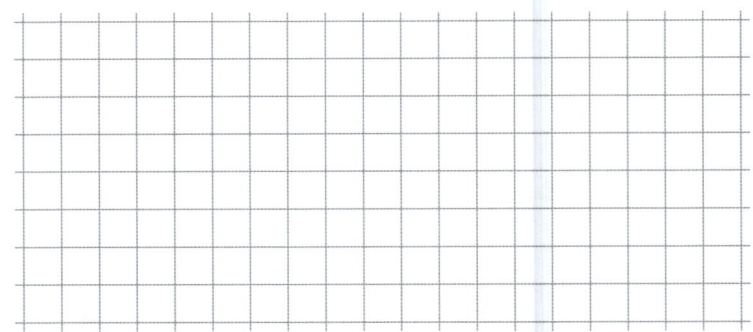

Funktionsgleichung: _____

2 Berechne die fehlenden Größen.

K	1 200 €		82 500 €	900 €		11 250 €
Z		10,50 €	6 050 €	35 €	186 €	33,75 €
p	5,5 %	3 %		7 %	0,9 %	
m/t	5 m	7 m	11 m		310 t	15 t

Löse die Gleichungen durch Umformen. Überprüfe das Ergebnis mit der Probe.

3

$12 + (7 + x)^2 - x(x - 4) = -3(2 + 2x) + 7$

4

$48 - 5(7x - 6) = (3x + 19) \cdot (-2)$

5 Rechne im Kopf.

waagerecht:
- (1) $1110 \cdot 0,5$
- (3) $(-276) \cdot (-3)$
- (4) $\frac{1}{3} \cdot 189$
- (6) $3500 - 781$
- (9) $\frac{1}{4} \cdot 208$
- (11) $(-154) : (-22)$
- (14) $5400 : 60$
- (15) $102 : 3$

senkrecht:
- (2) $5,8 : 0,1$
- (5) $1000 + (-601)$
- (7) $8760 \cdot 0,1$
- (8) $35 \cdot 3$
- (10) $13,2 : 0,6$
- (12) $0,6 : 0,2$
- (13) $5000 - 2087$

A	C	D	E	F	H	I	L	N	O	P	R	S	T	Y
0	0,5	0,8	1,1	1,9	2,2	3	4,4	5,7	6	7,5	8	8,8	9,1	10

$(-0,5) \cdot (-0,5) - 0,25 =$ □

$17,1 : 3 =$ □

$44€ \text{ von } 500€ \rightarrow p =$ □

$\frac{1}{5} \text{ von } 37,5 =$ □

$\frac{1}{4}x = 2 \rightarrow x =$ □

$22\% \text{ von } 5 =$ □

$555x = 277,5 \rightarrow x =$ □

$10 + 3,8 - 11,6 =$ □

$7,7 : 7 =$ □

$(-2,85) \cdot (-2) =$ □

$20€ \text{ von } 2\,500€ \rightarrow p =$ □

$(-3,4) \cdot (-2) - 2,7 - 2,2 =$ □

$32\% \text{ von } 18,75 =$ □

$\frac{2}{3} \text{ von } 9 =$ □

$1,5 \cdot (0,5 - 0,2) + 0,35 =$ □

$1,1 \cdot 8 =$ □

$72,80€ \text{ von } 800€ \rightarrow p =$ □

$0,6x + 0,2 \cdot 20 = 10 \rightarrow x =$ □

$17,6 \cdot 0,25 =$ □

$11 \cdot 0,7 - \frac{1}{2} \cdot 9,4 =$ □

$0,0088 \cdot 1\,000 =$ □

$45,5 : 5 =$ □

Damit Lebensmittel für Film- und Fotoaufnahmen

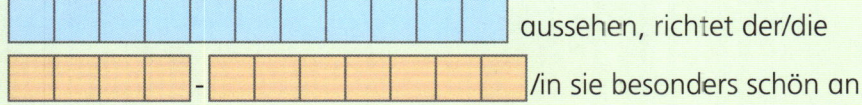

aussehen, richtet der/die

☐☐☐☐-☐☐☐☐☐☐☐ /in sie besonders schön an.

1 Berechne c und m und stelle die Funktionsgleichung auf.

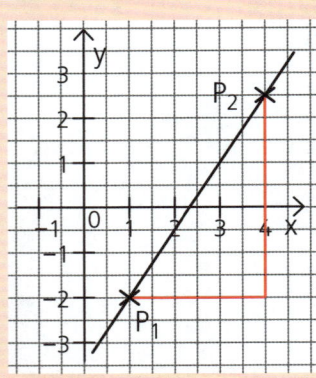 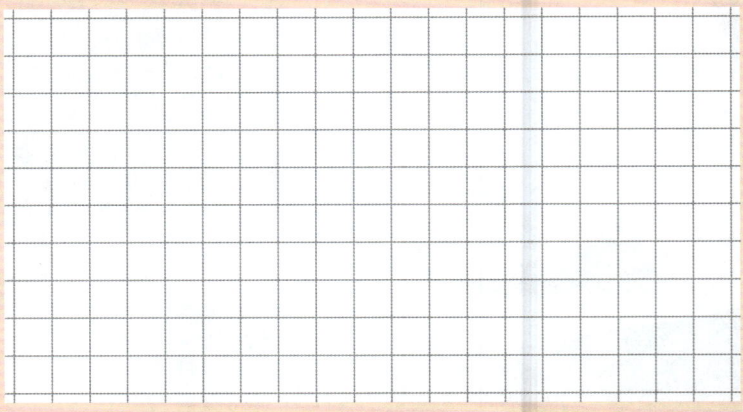

Funktionsgleichung: _____

2 Notiere die gesuchten Formeln.

Monatszinsen:

$Z =$ _____ $K =$ _____ $p =$ _____ $m =$ _____

Tageszinsen:

$Z =$ _____ $K =$ _____ $p =$ _____ $t =$ _____

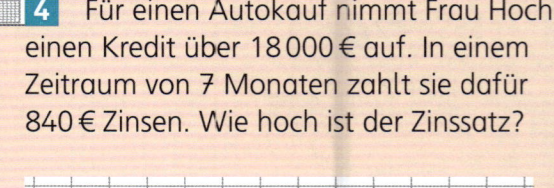 **3** Lisa zahlt am 10. Mai 800 € auf ihr Sparbuch ein und hebt das Geld am 15. Dezember wieder ab. Wie viel Zinsen erhält sie bei einem Zinssatz von 0,8 %?

4 Für einen Autokauf nimmt Frau Hoch einen Kredit über 18 000 € auf. In einem Zeitraum von 7 Monaten zahlt sie dafür 840 € Zinsen. Wie hoch ist der Zinssatz?

 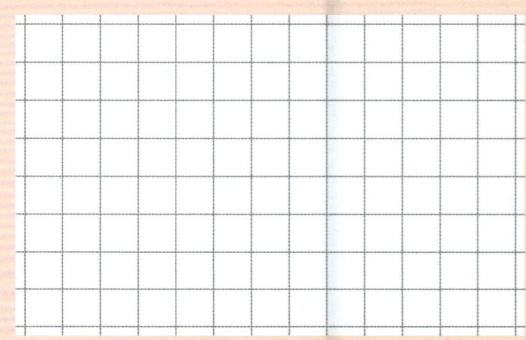

5 Berechne die fehlenden Größen.

K		1 200 €	150 000 €		5 900 €	3 400 €
Z	330 €	24 €	687,50 €	112,75 €		68 €
p	9 %		5,5 %	11 %	3,6 %	
m/t	2 m	4 m		205 t	85 t	400 t

6

$(x - 5) \cdot x + 10 = (x + 3)(x - 3) - 21$

_____

_____ | ☐

_____ | ☐

_____ | ☐

$x =$ ☐

7

$(2 + x)^2 = x^2 - 2 + 5x$

_____ | ☐

_____ | ☐

_____ | ☐

_____ | ☐

$x =$ ☐

Löse die Gleichungen durch Umformen. Überprüfe das Ergebnis mit der Probe.

8

$3(x + 2) - 7 = (5 + x) - 3$

_____

_____ | ☐

_____ | ☐

_____ | ☐

$x =$ ☐

Probe:

$3(x + 2) - 7 = (5 + x) - 3$

_____

_____

9

$4(x + 1) = 11,5 - (-x + 6)$

_____

_____ | ☐

_____ | ☐

_____ | ☐

$x =$ ☐

Probe:

$4(x + 1) = 11,5 - (-x + 6)$

_____

_____

Du hast ☐ Aufgaben richtig gelöst.

1

$15 - 15x = (3 - x) \cdot 30$

_____ | ▢

_____ | ▢

_____ | ▢

x = ▢

2

$-(4x - 3) + 2x = -9$

_____

_____ | ▢

_____ | ▢

x = ▢

3 Frau Frey hat Geld geerbt. Einen Teil davon möchte sie für 7 Jahre anlegen. Die Zinsen hebt sie am Ende des Jahres immer ab, um sich etwas Nettes dafür zu kaufen. Sie vergleicht verschiedene Angebote. Bei welcher Bank hat sie am Ende der 7 Jahre am meisten Zinsen erhalten?

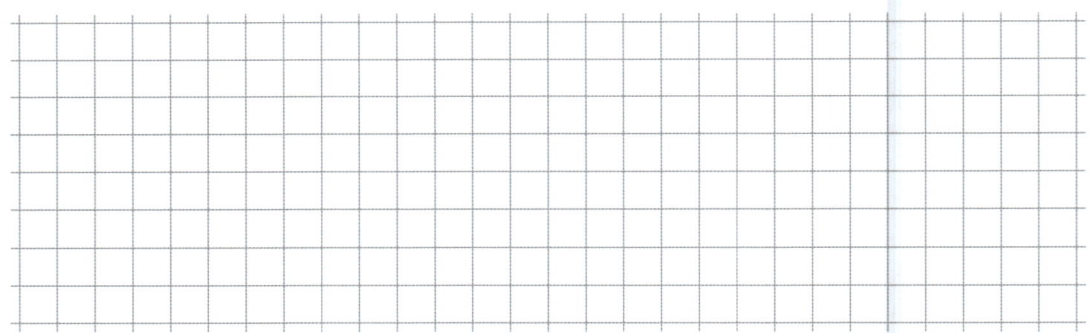

Bank A
Anlagebetrag: 30 000 €
Zinssatz:　　0,7 %

Bank B
Anlagebetrag: 32 000 €
Zinssatz:　　0,65 %

Bank C
Anlagebetrag: 29 000 €
Zinssatz:　　0,73 %

Die meisten Zinsen erhält sie bei Bank _____.

4 Bestimme die Zahlenpaare so, dass sie Lösung der angegebenen Gleichung sind.

Gleichung	x	y	Zahlenpaar
y = 2x + 5	3	_11_	_(3 | 11)_
y = x − 6	2		
y = 8x + 0,5		8,5	

46

!

Zinseszinsen:

Wenn Zinsen wieder verzinst werden, spricht man von **Zinseszins**.

Bei einem Kapital, das über mehrere Jahre angelegt wird, werden die Zinsen am Ende des Jahres zum Kapital addiert und im darauffolgenden Jahr mitverzinst.

1 Ergänze die Tabelle.

Kapital: 5 000 €   Zinssatz: 2,5 %   Laufzeit: 4 Jahre

Jahr	Kapital am Jahresanfang	Zinsen	Kapital am Jahresende
1	5 000 €	125 €	5 125 €
2	5 125 €	128,13 €	
3			
4			

2

$$4\,(x - 10) = (x + 4)(-3)$$

_____ |

_____ |

_____ |

$x =$

3

$$(x + 1)(x - 1) = x\,(x + 2) - 2$$

_____ |

_____ |

_____ |

$x =$

Bestimme die Zahlenpaare so, dass sie Lösung der angegebenen Gleichung sind.

4

$$3y + 2x = 7 \quad (5 \mid \quad)$$

$3y + 2 \cdot 5 = 7$

_____ |

_____ |

_____

5

$$6y + 1{,}5x = 16{,}5 \quad (3 \mid \quad)$$

_____ |

_____ |

_____

> **Lineares Gleichungssystem:**
>
> Ein **lineares Gleichungssystem** („LGS") besteht aus **zwei linearen Gleichungen** mit **zwei gemeinsamen Variablen**.
>
> Um das lineare Gleichungssystem zu lösen, sucht man nach einem **Zahlenpaar** (x | y), das beide Gleichungen erfüllt.

1 Zeichne den fehlenden Graphen des linearen Gleichungssystems in das Koordinatensystem ein und gib die Lösung (= Koordinaten des Schnittpunkts) an.

(1) y = x + 2   (2) y = 3x − 2   (1) y = 3x − 2,5   (2) y = −x + 3,5

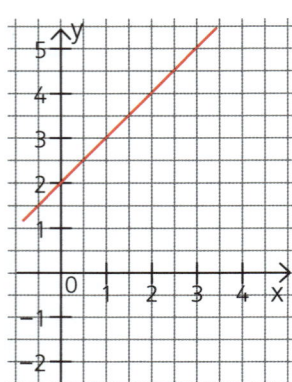
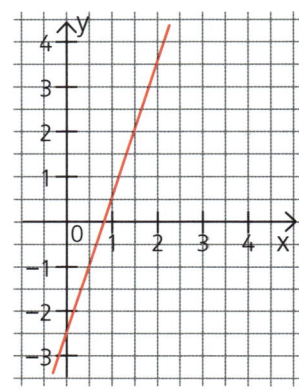

Lösung: (_____ | _____)   Lösung: (_____ | _____)

2 Ergänze die Tabelle.

> Kapital: 8 000 €   Zinssatz: 1,6 %   Laufzeit: 5 Jahre

Jahr	Kapital am Jahresanfang	Zinsen	Kapital am Jahresende
1			8128 €
2	8128 €		

Am Ende des 5. Jahres hat sich das Kapital um _____% erhöht.

48

Bei einem **Ratensparvertrag** erhöht sich das Kapital zu Beginn eines jeden Jahres oder Monats um die gleiche Summe („Sparrate"). Die Zinsen werden weiterhin mitverzinst („Zinseszins").

1 Ergänze die Tabelle.

Luca schließt einen Ratensparvertrag über 8 Jahre ab. Die jährliche Sparrate beträgt 500 €, der Zinssatz 1,5 %.

Jahr	Kapital am Jahresanfang	Zinsen	Kapital am Jahresende
1	500 €	7,50 €	507,50 €
2	1 007,50 €	15,11 €	1 022,61 €
	1 522,61 €		

Bruchgleichungen:
Multipliziere zuerst mit einem gemeinsamen Nenner, damit die Bruchterme entfallen. Löse dann die Gleichung durch Umformen.

2

$$\frac{6}{2x} = 2 \qquad |\ \cdot 2x$$

$$\frac{6}{2x} \cdot 2x = 2 \cdot 2x$$

$$6 = 4x \qquad |\ :4$$

$$1,5 = x$$

3

$$\frac{10}{5x} = 4 \qquad |\ $$

$$\qquad \qquad |\ $$

1 Zeichne die Graphen des linearen Gleichungssystems in das Koordinatensystem ein und gib die Lösung an.

(1) $y = 2x - 1$ (2) $y = x + 1$ (1) $y = 4x$ (2) $y = 2x + 1$

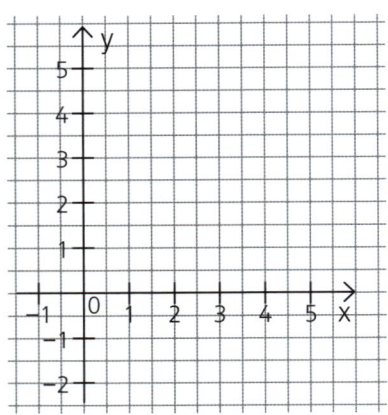 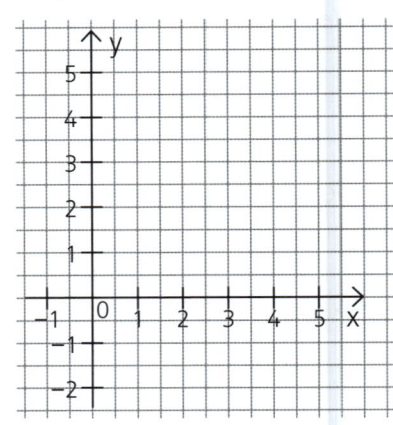

Lösung: (_____ | _____)   Lösung: (_____ | _____)

2 Fülle die Tabelle aus.

Jahr	Kapital am Jahresanfang	Zinsen	Kapital am Jahresende

Angebot „Ratensparvertrag"

jährliche Sparrate: 1 300 €
Zinssatz: 2,2 %
Laufzeit: 3 Jahre

3

$$\frac{8}{3x+1} = 2 \qquad |\ \cdot(3x+1)$$

$$\frac{8}{3x+1} \cdot (3x+1) = 2 \cdot (3x+1)$$

_____ |

_____ |

_____

4

$$\frac{5}{5x-10} = \frac{1}{2} \qquad |$$

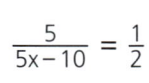

_____ |

_____ |

_____ |

> **Zuwachssparen:**
> Ein festes Kapital wird für einige Jahre angelegt.
> Der Zinssatz wächst mit jedem Jahr an.

Zuwachssparen

Zinssatz im 1. Jahr: 0,15 %
Der Zinssatz steigt jedes Jahr um 0,1 %

Laufzeit: 4 Jahre

Jahr	Kapital am Jahresanfang	Zinsen	Kapital am Jahresende
1	4 000 €	6 €	4 006 €
2	4 006 €	10,02 €	4 016,02 €
3			

Am Ende des 4. Jahres hat sich das Kapital um _____% erhöht.

2 Ergänze die Wertetabellen. Umrahme das Zahlenpaar, das beide Gleichungen erfüllt.

(1) $y = 3x + 1$

x	−6	−5	−4	−3	−2	−1	0
y	−17			−8			

(2) $y = 2x − 1$

x	−6	−5	−4	−3	−2	−1	0
y		−11			−5		

Lösung: (_____ | _____)

3

$$\frac{3}{x-9} = -0,5 \qquad |$$

_____

_____ |

_____ |

_____

4

$$\frac{2}{4x} - \frac{1}{2} = \frac{6}{x} \qquad | \; \cdot 4x$$

_____ |

_____ |

_____

1 Fülle die Tabelle aus.

Jahr	Kapital am Jahresanfang	Zinsen	Kapital am Jahresende

Zuwachssparen

Kapital: 13 000 €

Zinssatz
im 1. Jahr: 0,4 %
im 2. Jahr: 0,6 %
im 3. Jahr: 0,9 %
im 4. Jahr: 1 %

Laufzeit: 4 Jahre

Am Ende des 4. Jahres hat sich das Kapital um _____ % erhöht.

2 Fülle die Wertetabellen aus. Umrahme das Zahlenpaar, das beide Gleichungen erfüllt.

(1) $y = -5x + 8$

x	−4	−3	−2	−1	0	1	2
y	28			13			

(2) $y = 4x - 1$

x	−4	−3	−2	−1	0	1	2
y		−13			−1		

Lösung: (_____ | _____)

3 Verbinde die Rechnung jeweils mit dem richtigen Ergebnis.

3 · 0,4	1	100 : 500	0,1
4 · 0,25	1,1	100 : 40	0,2
6 · 0,25	1,2	100 : 20	0,5
2 · 0,55	1,3	100 : 0,2	1,25
5 · 0,28	1,4	100 : 80	2,5
5 · 0,32	1,5	100 : 1 000	5
2 · 0,65	1,6	100 : 200	500

A	C	E	G	H	K	L	O	P	R	S	T	U	Ü	V
−150	−88	−65	−25	−22	−12	−5	0	5	12	22	25	65	88	150

$\frac{1}{5} \cdot 100 + \frac{1}{10} \cdot 20 =$

$40\,\% = 2\,€ \rightarrow K =$

$144 : 12 \cdot 1 =$

$(-5{,}5) \cdot (-20) - 22 =$

$(-5{,}5) \cdot 20 + 22 =$

$-0{,}2 \cdot 110 =$

$-195 : 3 =$

$4x = -100 \rightarrow x =$

$0{,}005 \cdot (-1\,000) =$

$2\,000 - 1\,350 - 562 =$

$(-15) \cdot 5 - 13 =$

$(-4{,}5) \cdot (-3) - 25{,}5 =$

$44\,€ \text{ von } 200\,€ \rightarrow p =$

$(-5{,}5) \cdot 3 + 4{,}5 =$

$200 : (-5) - 5 \cdot 5 =$

$6{,}5x = -78 \rightarrow x =$

$220 : 11 + 11 - 9 =$

$-2\,000 : 4 + 5 \cdot 70 =$

$2{,}5 \cdot 26 =$

$(-2) \cdot (-12{,}5) =$

$390 : 30 - 20 + 7 =$

$2{,}4 = 20\,\% \rightarrow K =$

Die ☐☐☐☐☐☐☐ in den Glückskeksen werden von einem/einer

☐☐☐☐☐☐☐☐☐☐☐☐☐☐☐ /in geschrieben.

1 Bestimme die Zahlenpaare so, dass sie Lösung der angegebenen Gleichung sind.

Gleichung	x	y	Zahlenpaar
$y = 0{,}5x + 2{,}5$		4	
$y = \frac{1}{4}x - 3$	6		

2 Zeichne die Graphen des linearen Gleichungssystems in das Koordinatensystem ein und gib die Lösung an.

(1) $y = 4x - \frac{1}{2}$ (2) $y = 0{,}5x + 3$ (1) $y = x + 0{,}5$ (2) $y = 2x - 1{,}5$

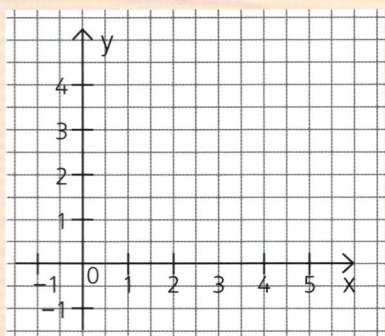   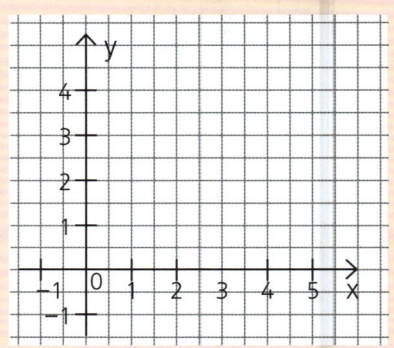

Lösung: (_____ | _____)   Lösung: (_____ | _____)

3 Ergänze die Wertetabellen. Umrahme das Zahlenpaar, das die Lösung der angegebenen Gleichungen bildet.

(1) $y = -4x + 5$

x	−4	−3	−2	−1	0	1	2
y							

(2) $y = -6x + 1$

x	−4	−3	−2	−1	0	1	2
y							

Lösung: (_____ | _____)

4 Fülle die Tabelle aus.

Clara schließt einen Ratensparvertrag über 5 Jahre ab. Die jährliche Sparrate beträgt 300 €, der Zinssatz 1,2 %.

Jahr	Kapital am Jahresanfang	Zinsen	Kapital am Jahresende

5

$$\frac{5}{x+3} = -1$$

6

$$\frac{4}{2x} - \frac{1}{2} = \frac{3}{x}$$

7

$$\frac{2}{3x-4} = 4$$

8

$$\frac{6}{6x} + 9 = \frac{46}{x}$$

Du hast  Aufgaben richtig gelöst.

!

Die Lösung eines LGS (lineares Gleichungssystem) lässt sich auch rechnerisch bestimmen.

Gleichsetzungsverfahren:

Beide Gleichungen des LGS werden nach derselben Variablen aufgelöst. Dann setzt man die Terme gleich und erhält eine Gleichung mit nur einer Variablen. Diese kann berechnet werden.

Löse das LGS mit dem Gleichsetzungsverfahren.

1

(1) $y = -x + 4$
(2) $y = x - 2$

$$-x + 4 = x - 2 \quad | \quad -4$$
$$-x = x - 6 \quad | \quad -x$$
$$-2x = -6 \quad | \quad :(-2)$$
$$x = 3$$
$$y = -3 + 4$$
$$y = 1$$

Lösung: (_3_ | _1_)

2

(1) $y = 3x - 9$
(2) $y = 1{,}5x - 1{,}5$

$$\underline{\qquad\qquad} \quad |$$
$$\underline{\qquad\qquad} \quad |$$
$$\underline{\qquad\qquad} \quad |$$
$$x =$$
$$y =$$
$$y =$$

Lösung: (___ | ___)

3 Berechne die Wahrscheinlichkeit. Gib als Bruch und in Prozent an.

Die Wahrscheinlichkeit, bei einmaligem Würfeln …

… eine Zahl zu erhalten, die keine „2" ist: $P = \frac{5}{6} \approx 0{,}833 = 83{,}3\,\%$

… eine Zahl zu erhalten, die kleiner ist als 4:

… eine Primzahl zu erhalten:

… eine „5" zu erhalten:

… eine „1" oder eine „6" zu erhalten:

Löse das LGS mit dem Gleichsetzungsverfahren.

1

(1) $y = 4x - 1$
(2) $y = 2x + 3$

_____ | [ ]

_____ | [ ]

_____ | [ ]

_____ $x =$ _____

_____ $y =$ _____

_____ $y =$ _____

Lösung: (_____ | _____)

2

(1) $y = 10x + 3$
(2) $y = 2x + 7$

_____ | [ ]

_____ | [ ]

_____ | [ ]

_____ $x =$ _____

_____ $y =$ _____

_____ $y =$ _____

Lösung: (_____ | _____)

$5^3 = 5 \cdot 5 \cdot 5 = 125$

$(-2)^4 = (-2) \cdot (-2) \cdot (-2) \cdot (-2) = 16$

$5^3 \leftarrow$ Exponent

$\nwarrow$ Basis

3

$(-3)^3 =$ _(−3) · (−3) · (−3) = −27_

$6^2 =$ _____

$4^5 =$ _____

$2^6 =$ _____

$(-5)^2 =$ _____

$(-1)^4 =$ _____

$8^3 =$ _____

$(-12)^2 =$ _____

$10^4 =$ _____

$(-5)^1 =$ _____

4

$3 \cdot 3 \cdot 3 =$ _3^3_

$5 \cdot 5 \cdot 5 \cdot 5 =$ _____

$2 \cdot 2 \cdot 2 \cdot 2 \cdot 2 =$ _____

$8 \cdot 8 \cdot 8 \cdot 8 =$ _____

$0{,}7 \cdot 0{,}7 \cdot 0{,}7 \cdot 0{,}7 \cdot 0{,}7 =$ _____

$1{,}5 \cdot 1{,}5 \cdot 1{,}5 =$ _____

$\frac{1}{4} \cdot \frac{1}{4} \cdot \frac{1}{4} \cdot \frac{1}{4} \cdot \frac{1}{4} =$ _____

$(-3) \cdot (-3) \cdot (-3) \cdot (-3) =$ _____

$12 \cdot 12 \cdot 12 \cdot 12 \cdot 12 \cdot 12 =$ _____

$10{,}3 \cdot 10{,}3 \cdot 10{,}3 =$ _____

Einsetzungsverfahren:

Eine Gleichung des LGS wird nach einer Variablen aufgelöst. Diese setzt man in die zweite Gleichung ein und erhält somit eine Gleichung mit nur einer Variablen. Die Variable kann nun berechnet werden.

Löse das LGS mit dem Einsetzungsverfahren.

1

(1) $6x + y = 10$
(2) $2y + 3x = 2$

$$6x + y = 10 \qquad | -6x$$
$$y = 10 - 6x$$
$$2y + 3x = 2$$
$$2 \cdot (10 - 6x) + 3x = 2$$
$$20 - 12x + 3x = 2$$
$$20 - 9x = 2 \qquad | -20$$
$$-9x = -18 \qquad | :(-9)$$
$$x = 2$$
$$y = 10 - 6x$$
$$y = 10 - 6 \cdot 2$$
$$y = -2$$

Lösung: (2 | -2)

2

(1) $4x + y = 7$
(2) $3y + 2x = 11$

Lösung: (_____ | _____)

3 Berechne die Wahrscheinlichkeit, die Zahl „5" zu ziehen und die Wahrscheinlichkeit, eine durch 3 teilbare Zahl zu ziehen. Gib als Bruch und in Prozent an.

58

> **Quadratzahlen:** *Potenzen mit dem Exponenten 2, z. B.* **5²**; **0,4²**
> **Quadrieren:** *Eine Zahl mit sich selbst multiplizieren, z. B.* **5 · 5**
> **Wurzelziehen:** *Umkehrung des Quadrierens, z. B.* $\sqrt{25}$ **= 5**, *denn 5 · 5 = 25*

Bestimme die Quadratwurzeln im Kopf. Versuche, sie auswendig zu lernen.

1

$\sqrt{1}$ = _1_ , denn _1 · 1 = 1_

$\sqrt{4}$ = _____ , denn _____

$\sqrt{}$ = 3, denn _____

$\sqrt{}$ = _____ , denn 4 · 4 = 16

$\sqrt{25}$ = _____ , denn _____

$\sqrt{36}$ = _____ , denn _____

$\sqrt{}$ = _____ , denn 7 · 7 = 49

$\sqrt{}$ = 8, denn _____

$\sqrt{}$ = 9, denn _____

$\sqrt{}$ = _____ , denn 10 · 10 = 100

2

$\sqrt{121}$ = _____ , denn _____

$\sqrt{}$ = _____ , denn 12 · 12 = 144

$\sqrt{}$ = _____ , denn 13 · 13 = 169

$\sqrt{}$ = 14, denn _____

$\sqrt{225}$ = _____ , denn _____

$\sqrt{}$ = _____ , denn 16 · 16 = 256

$\sqrt{}$ = 17, denn _____

$\sqrt{}$ = 18, denn _____

$\sqrt{361}$ = _____ , denn _____

$\sqrt{400}$ = _____ , denn _____

3 Wie hoch ist die Wahrscheinlichkeit, dass Neujahr auf den 1. Januar fällt?

Die Wahrscheinlichkeit beträgt _____%.

 Löse das LGS mit dem Einsetzungsverfahren.

4

(1) $y + \frac{1}{2}x = 7$

(2) $2x - 4y = -4$ Lösung: (_____ | _____)

5

(1) $3x + 6y = 3$

(2) $4x = y - 14$ Lösung: (_____ | _____)

6

(1) $2y = x - 3$

(2) $4x - 5 = y$ Lösung: (_____ | _____)

7

(1) $x - 2y = -11,5$

(2) $-6,5 - y = 3x$ Lösung: (_____ | _____)

Additionsverfahren:

Eine oder beide Gleichungen des LGS werden so umgeformt, dass die Zahlen vor einer Variablen Gegenzahlen voneinander sind (z. B. 6 und −6, 2 und −2). Die Gleichungen werden addiert und die Gegenzahlen fallen weg. Man erhält somit eine Gleichung mit nur einer Variablen. Diese Variable kann nun berechnet werden.

Löse das LGS mit dem Additionsverfahren.

1

(1) $3x + 2y = 7$
(2) $2x + 3y = 8$

$(1) \qquad 3x + 2y = 7 \quad | \quad \cdot 2$

$(2) \qquad 2x + 3y = 8 \quad | \quad \cdot(-3)$

$(1) \qquad 6x + 4y = 14$

$(2) \quad -6x - 9y = -24$

$(1) \qquad -5y = -10 \quad | \quad :(-5)$

$(2) \quad -6x - 9y = -24$

$(1) \qquad y = 2$

$(2) \quad -6x - 9 \cdot 2 = -24$

$(1) \qquad y = 2$

$(2) \quad -6x - 18 = -24 \quad | \quad +18$

$(1) \qquad y = 2$

$(2) \qquad -6x = -6 \quad | \quad :(-6)$

$(1) \qquad y = 2$

$(2) \qquad x = 1$

2

(1) $x + 3y = 11$
(2) $2x + 4y = 16$

1 Berechne die Wahrscheinlichkeit.
Gib als Bruch und in Prozent an.

In einer Lostrommel sind 200 Lose,
davon 80 Gewinne und 120 Nieten.

Wie hoch ist die Wahrscheinlichkeit,

… einen Gewinn zu ziehen: _____

… eine Niete zu ziehen: _____

… einen Gewinn zu ziehen, nachdem der Veranstalter noch 20 Gewinnlose

hinzugefügt hat: _____

Löse das LGS mit dem Additionsverfahren.

2

(1) $-4x + 2y = -6$
(2) $x + 2y = 4$

Lösung: (_____ | _____)

3

(1) $3x + 5y = 11{,}5$
(2) $4x - 3y = -4$

Lösung: (_____ | _____)

4

(1) $10x - 2y = 9$
(2) $5x - y = 4{,}5$

Lösung: (_____ | _____)

5

(1) $4x + 2y = 14$
(2) $2x - y = 5$

Lösung: (_____ | _____)

6 Bestimme die Quadratwurzeln näherungsweise.

$\sqrt{6}$:   *zwischen $\sqrt{4}$ und $\sqrt{9}$ → zwischen 2 und 3* _____

$\sqrt{20}$: _____

$\sqrt{34}$: _____

$\sqrt{85}$: _____

$\sqrt{130}$: _____

$$\sqrt{8} \cdot \sqrt{18} = \sqrt{8 \cdot 18} = \sqrt{144} = 12$$

Berechne.

1

$\sqrt{3} \cdot \sqrt{12} = \underline{\sqrt{3 \cdot 12} = \sqrt{36} = 6}$

$\sqrt{5} \cdot \sqrt{20} = \underline{\hspace{4cm}}$

$\sqrt{5} \cdot \sqrt{45} = \underline{\hspace{4cm}}$

$\sqrt{3} \cdot \sqrt{48} = \underline{\hspace{4cm}}$

2

$\sqrt{8} \cdot \sqrt{\underline{8}} = \underline{\sqrt{8 \cdot 8} = \sqrt{64}} \hspace{1cm} = 8$

$\sqrt{3} \cdot \sqrt{\underline{\hspace{1cm}}} = \underline{\hspace{3cm}} = 9$

$\sqrt{10} \cdot \sqrt{\underline{\hspace{1cm}}} = \underline{\hspace{3cm}} = 10$

$\sqrt{\underline{\hspace{1cm}}} \cdot \sqrt{80} = \underline{\hspace{3cm}} = 20$

3 Berechne die Wahrscheinlichkeit.
Gib als Bruch und in Prozent an.

Wie hoch ist die Wahrscheinlichkeit, dass

… der Zeiger auf ein rotes Feld zeigt: $\underline{\hspace{6cm}}$

… der Zeiger auf ein blaues Feld zeigt: $\underline{\hspace{6cm}}$

… der Zeiger auf ein gelbes Feld zeigt: $\underline{\hspace{6cm}}$

… der Zeiger auf ein grünes Feld zeigt: $\underline{\hspace{6cm}}$

4

+	3,5	8,25	1,4	0,6
9,2				
5,31				
0,89				
13				
0,09				
Summe der Ergebnisse				

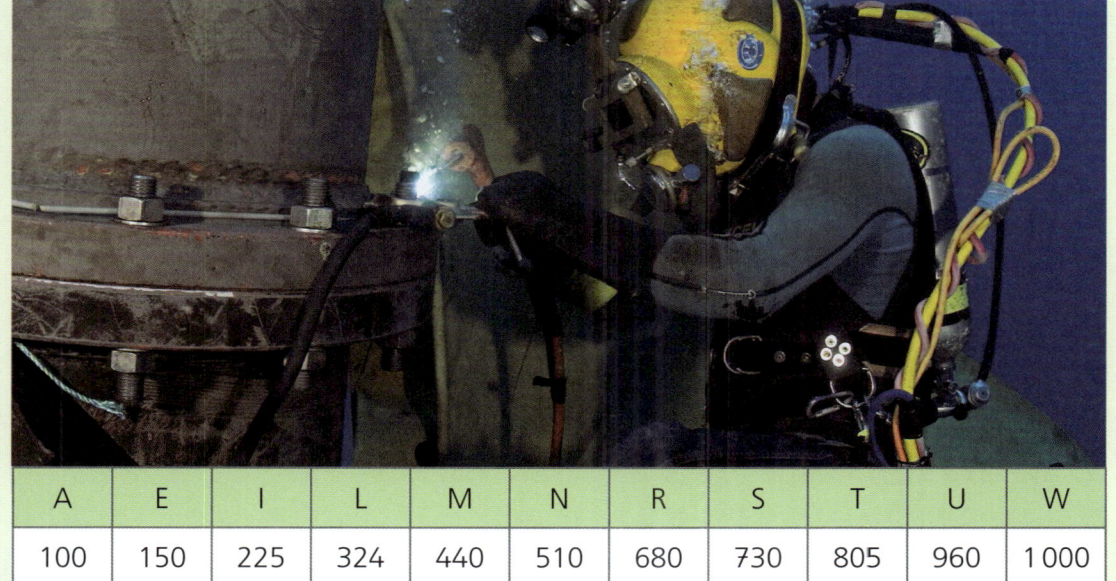

A	E	I	L	M	N	R	S	T	U	W
100	150	225	324	440	510	680	730	805	960	1 000

$(-6) \cdot (-160) =$ [U]

$\frac{1}{4}x = 127{,}5 \rightarrow x =$ [N]

$5\% = 40{,}25\,€ \rightarrow K =$ [T]

$5^2 \cdot 6 =$ [E]

$15^2 + 20^2 + 55 =$ [R]

$500\,€$ von $50\,€ \rightarrow p =$ [W]

$-3\,000 : 60 \cdot (-2) =$ [A]

$10^3 - 30 \cdot 9 =$ [S]

$30\% = 219\,€ \rightarrow K =$ [S]

$22 \cdot 8 - 52 : 2 =$ [E]

$15^2 \cdot 2 + 14^2 + 34 =$ [R]

$0{,}5x - 20 = 200 \rightarrow x =$ [M]

$\frac{1}{3}(5 \cdot 90) =$ [E]

$8^3 + 300 - 7 =$ [T]

$\frac{1}{4} \cdot 20^2 =$ [A]

$12\% = 38{,}88\,€ \rightarrow K =$ [L]

$(-54) \cdot (-6) =$ [L]

$1\,000 - 5 \cdot 39 =$ [T]

$2\,000 : 4 - 5 \cdot 70 =$ [E]

$13^2 + 14 \cdot 4 =$ [I]

$18^2 =$ [L]

$630 : 3 - 20 \cdot 3 =$ [E]

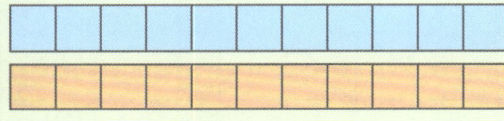

-Schweißer und -Schweißerinnen schweißen

an Schiffsrümpfen, Hafenanlagen oder

Bohrinseln unter Wasser.

Löse das LGS mit dem Gleichsetzungsverfahren.

1

(1) $y = 7x - 1$
(2) $y = -4x + 4,5$

Lösung: (_____ | _____)

2

(1) $y = 2x - 3$
(2) $y = x - 2$

Lösung: (_____ | _____)

 Löse das LGS mit dem Einsetzungsverfahren.

3

(1) $3,5x + y = 9$
(2) $4y - 3x = 2$

Lösung: (_____ | _____)

4

(1) $2x - 0,5y = 5$
(2) $1,5y - 3x = -3$

Lösung: (_____ | _____)

 Löse das LGS mit dem Additionsverfahren.

5

(1) $4x + 2y = 10$
(2) $3x - 4y = -9$

Lösung: (_____ | _____)

6

(1) $3x + 3y = 33$
(2) $x - 2y = -7$

Lösung: (_____ | _____)

7 Wie hoch ist die Wahrscheinlichkeit, mit einem Spielwürfel eine 7 zu würfeln?

Die Wahrscheinlichkeit beträgt _____%.

8

$5^4 =$ _____

$7^3 =$ _____

9

$(-2)^5 =$ _____

$(-4)^3 =$ _____

Du hast ⬚ Aufgaben richtig gelöst.